- De Zaligspreking -

Een mens die ware zegen najaagt

Dr. Jaerock Lee

> *"Gezegend is de man die op de Here vertrouwt,*
> *wiens betrouwen de Here is;*
> *Hij toch zal zijn als een boom,*
> *aan het water geplant,*
> *die zijn wortels tot aan een beek uitslaat,*
> *en het niet merkt als er hitte komt,*
> *maar welks loof groen blijft,*
> *die in een jaar van droogte geen zorg heeft*
> *en niet nalaat vrucht te dragen."*
>
> (Jeremia 17:7-8)

Een mens die ware zegen najaagt door Dr. Jaerock Lee
Gepubliceerd door Urim Books (Vertegenwoordiger: Seongnam Vin)
73, Yeouidaebang-ro 22-gil, Dongjak-gu, Seoul, Korea
www.urimbooks.com

Alle rechten voorbehouden. Dit boek of delen van dit boek mogen in geen enkele vorm gekopieerd worden, in een terughaal systeem opgeslagen worden, of geleid worden in enige vorm of met enige betekenis, elektronisch, mechanisch, gekopieerd, opgenomen worden of iets dergelijks, zonder de toegestane schriftelijke goedkeuring van de uitgever.

Tenzij anders vermeld zijn alle Schriftgedeeltes genomen van de Heilige Bijbel, NBG vertaling 1951, ®, Copyright © 1960, 1962, 1963, 1968, 1971, 1972, 1973, 1975, 1977, 1995 door de Lockman Foundation. Gebruikt met toestemming.

Copyright © 2020 door Dr. Jaerock Lee
ISBN: 979-11-263-0582-7 03230
Vertaling Copyright © 2013 door Dr. Esther K. Chung Gebruikt met toestemming.

Voorheen gepubliceerd in het Koreaans door Urim Books in 2007

Eerst uitgave februari 2020

Tidligere udgivet på koreansk af Urim Books i 2007

Bewerkt door Dr. Geumsun Vin
Ontworpen door de uitgeverij van Urim Books
Gedrukt door Prione Printing
Voor meer informatie, neem contact op met: urimbook@hotmail.com

Een boodschap over publicatie

Er is een verhaal geschreven in een universiteit van Rome. Een college student die door financiële moeilijkheden ging, ging naar een rijke oude man om hulp te vragen. De man vroeg hem waar hij het geld voor zou gebruiken. De student antwoordde dat het was om zijn studies af te ronden.

"En dan?"

"Moet ik geld verdienen."

"En dan?"

"Zal ik trouwen."

"En dan?"

"Zal ik oud worden."

"En dan?"

"Zal ik uiteindelijk sterven."

"En dan?"

"..."

Er is een goede les in dit verhaal. Als de student een persoon was, die ware zegen zocht, welke hij voor eeuwig kan bezitten, zou hij op de laatste vraag van de oude man hebben geantwoord, "Dan ga ik naar de hemel."

Over het algemeen, denken mensen in deze maatschappij dat het hebben van dingen zoals weelde, gezondheid, roem, autoriteit en vrede in de familie ware zegeningen zijn. Ze streven ernaar om deze dingen te hebben. Maar wanneer wij om ons heen kijken, kunnen wij zien dat er maar enkele mensen zijn die van al deze zegeningen genieten.

Sommige families kunnen rijk zijn, maar velen van hen hebben problemen of moeilijkheden in de relaties tussen de ouders, kinderen of met de schoonfamilie. Zelfs een gezond mens kan zijn leven op elk moment verliezen door een ongeluk of ziekte.

In april 1912, reisden duizenden mensen vredevol in een luxueus cruiseschip, die een tragisch ongeluk kreeg. De "Titanic" met 2300 mensen aan boord, raakte een ijsberg en zonk tijdens de eerste cruise. Het was het grootste cruiseschip in de wereld, en men schepte op over zijn excellentie en luxe, maar niemand wist wat er in slechts een paar uur zou gebeuren.

Niemand kan met zekerheid over morgen spreken. Zelfs wanneer iemand geniet van weelde, roem, en autoriteit in deze wereld gedurende zijn hele leven, kan hij niet een gezegend mens zijn als hij in de hel valt en voor eeuwig lijd. Daarom, is het verkrijgen van redding en het binnengaan in het hemels koninkrijk de ware zegen.

Ongeveer 2000 jaar geleden, begon Jezus Zijn openbare bediening met de boodschap, *"Bekeert u, want het Koninkrijk van God is nabij!"* (Matteüs 4:17). De eerste boodschap gevolgd op deze proclamatie was de "Zaligspreking", waarmee zij het koninkrijk van de Hemel konden bereiken. Aan de mensen die spoedig zouden verdwijnen als damp, onderwees Jezus over de eeuwige zegen, namelijk de ware zegeningen van het binnengaan van het koninkrijk van de hemel. Hij onderwees hen ook over hoe zij het licht en het zout van de wereld moesten worden, om de wet met Liefde te vervullen en de Zaligspreking te vervullen. Dit is opgeschreven in Matteüs hoofdstuk 5 tot hoofdstuk 7. Dit wordt ook wel de "Bergrede" genoemd.

Samen met de geestelijke liefde in 1 Korintiërs hoofdstuk 13 en de vruchten van de Geest in Galaten hoofdstuk 5, vertelt de Zaligspreking ons uitdrukkelijk de weg om een geestelijk mens te worden. Ze zijn een wegwijzer voor ons om ons in staat te stellen om onszelf te onderzoeken, en de essentiële inhoud voor ons om geheiligd te worden en het Nieuwe Jeruzalem binnen te gaan, waar de troon van God gelegen is, en welke de meest glorieuze verblijfplaats in de hemel is.

Dit boek *Een mens die ware zegen najaagt* is een opsomming van boodschappen over de Zaligspreking die ik verschillende keren in de gemeente heb gebracht.

Wanneer wij de woorden van de Zaligspreking vervullen, zullen wij niet alleen genieten van de zegeningen van deze wereld zoals weelde, gezondheid, roem, autoriteit en vrede in familie, maar zullen wij ook het Nieuwe Jeruzalem bereiken onder de vele hemelse verblijfplaatsen. De zegen die door God gegeven wordt, kan onder geen enkele moeilijke omstandigheid worden geschud. Als wij alleen de Zaligspreking vervullen, zullen wij geen tekorten hebben.

Ik bid dat door dit boek, vele mensen zullen veranderen in geestelijke mensen, die ware zegeningen zoeken en alle zegeningen ontvangen die door God zijn voorbereid. Ik geef ook dank aan Geumsun Vin, de directeur van de Uitgeverij en de werkers.

Jaerock Lee

Inhoudsopgave

Een boodschap over publicatie

Hoofdstuk 1 : De eerste zegen

Zalig de armen van geest,
want hunner is het koninkrijk der hemelen   1

Hoofdstuk 2 : De tweede zegen

Zalig die treuren,
want zij zullen vertroost worden   23

Hoofdstuk 3 : De derde zegen

Zalig de zachtmoedigen,
want zij zullen de aarde beërven   41

Hoofdstuk 4 : De vierde zegen

Zalig die hongeren en dorsten naar de gerechtigheid,
want zij zullen verzadigd worden   61

Hoofdstuk 5 : De Vijfde zegen

Zalig de barmhartigen,
want hun zal barmhartigheid geschieden   77

Hoofdstuk 6 : De zesde zegen

Zalig de reinen van hart,
want zij zullen God zien   99

Hoofdstuk 7 : De zevende zegen

Zalig de vredestichters,
want zij zullen kinderen Gods genoemd worden   115

Hoofdstuk 8 : De achtste zegen

Zalig de vervolgden om der gerechtigheid wil,
want hunner is het koninkrijk der hemelen   137

Hoofdstuk 1
De eerste zegen

—— ⚜ ——

Zalig de armen van geest,
want hunner is het koninkrijk der hemelen

2 · Een mens die ware zegen najaagt

Matteüs 5:3

"Zalig de armen van geest,
want hunner is het koninkrijk der hemelen."

Een gevangene die ter dood veroordeeld was in een Amerikaanse gevangenis, was aan het huilen toen hij de krant in zijn handen had. De krantenkop ging over de inhuldiging van de tweeëntwintigste president van de Verenigde Staten van Amerika, Stephen Grover Cleveland. Een gevangene die naar hem keek vroeg hem waarom hij zo bitter weende. Hij begon het uit te leggen, terwijl hij naar beneden keek.

Hij ging verder met te vertellen, "Stephen en ik studeerden aan hetzelfde college. Op een dag, toen we klaar waren met onze klas, hoorden we het geluid van een kerkklok. Stephen spoorde mij aan mee te gaan met hem naar de kerk, maar ik weigerde. Hij ging naar de kerk, en ik ging naar een bar. Dat maakte onze levens zo verschillend."

Een moment keuze veranderde het hele leven van deze man. Maar dit is niet alleen over het leven op deze aarde. Ons eeuwige leven kan ook worden veranderd, door de keuzes die wij maken.

Degenen die worden uitgenodigd aan het Hemelse Banket

In Lucas hoofdstuk 14, gaf een man een groot feestmaal en nodigde vele mensen uit. Hij zond zijn dienstknechten uit om de uitgenodigden op te halen, maar alle dienstknechten kwamen alleen terug. De genodigden hadden vele redenen, maar ze waren allemaal te druk bezig om te komen.

"Ik heb een stuk land gekocht en moet er naar toe om het te bekijken. Dank u voor de uitnodiging, maar jammer genoeg kan ik niet komen."

"Ik heb vijf span ossen gekocht, en moet ze gaan keuren. Ik verzoek, houd mij voor verontschuldigd, want ik kan niet komen."

"Ik weet dat u het zult begrijpen, want ik heb net een vrouw getrouwd en om die reden kan ik niet komen."

De heer des huizes die het banket gaf, stuurde zijn dienstknechten naar het dorp om de armen, de blinden en de lammen te brengen van de straten om naar het banket te komen. In dit parabel vergelijkt Jezus degenen die de uitnodiging ontvingen met degenen die een uitnodiging hebben ontvangen om deel te nemen aan een hemels feestmaal.

Vandaag, weigeren degenen die rijk van geest zijn om het evangelie aan te nemen. Ze geven vele excuses waarom zij niet deel kunnen nemen terwijl degenen die arm van geest zijn snel de uitnodiging aannemen. Om ware zegen te ontvangen, moet de mens door de eerste poort gaan, door een persoon te worden die arm van geest is.

De arme van geest

Om "arm van geest" te zijn, is het hebben van een "arm hart."

Dat is het hebben van een hart dat geen arrogantie, trots, zelfzucht, persoonlijke verlangens, of zonde heeft. Dus degenen die "arm van geest" zijn, nemen het evangelie gemakkelijk aan. Na het aannemen van Jezus Christus, verlangen zij naar geestelijke dingen. Ze zijn ook in staat om snel te veranderen door de kracht van God.

Sommige vrouwen zeggen, "Mijn man is een hele goede man, maar hij wil het evangelie niet aannemen." Mensen beschouwen iemand als zijnde "goed" als hij geen uiterlijke daden van slechtheid doet. Maar ondanks dat iemand goed lijkt te zijn, als hij het evangelie niet aanneemt omdat zijn hart rijk is, hoe kunnen we dan zeggen dat hij echt goed is?

In Matteüs hoofdstuk 19, kwam een jonge man tot Jezus, en vroeg welke goede dingen hij moest doen om het eeuwige leven te verkrijgen. Jezus vertelde hem dat hij alle geboden van God moest onderhouden. Daar bovenop, vertelde Hij hem dat hij al zijn bezittingen moest verkopen en aan de armen moest geven en Hem dan moest volgen.

De jonge man dacht dat hij God lief had en Zijn geboden heel goed onderhield. Maar hij ging bedroefd weg. Dat kwam omdat hij rijk was, en hij zijn rijkdom kostbaarder achtte, dan het verkrijgen van eeuwig leven. Terwijl Hij hem zag, zei Jezus, *"Het is gemakkelijker dat een kameel gaat door het oog van een naald, dan dat een rijke het Koninkrijk Gods binnengaat"* (v. 24).

Hier, betekent het rijk zijn niet alleen maar het hebben van bezittingen en grote rijkdom. Het betekent om rijk van geest te zijn. Mensen die rijk van geest zijn, doen misschien zichtbaar geen zonde, maar hebben sterke wereldse verlangens. Ze hebben genot in geld, autoriteit, kennis, trots, recreatieve activiteiten, vermaak, en andere pleziertjes. Dat is de reden waarom zij het evangelie niet nodig hebben, en zij God niet zoeken.

Zegen van rijkdom voor degenen die arm van geest zijn

In Lucas hoofdstuk 16, genoot de rijke man en gaf elke dag feestjes. Hij was zo rijk dat zijn hart ook rijk was; hij voelde niet de noodzaak om in God te geloven. Maar de bedelaar Lazarus leed aan ziekten en bedelde aan de poort van het huis van de rijke man. Omdat hij arm van geest was, zocht hij God.

Wat was het resultaat toen zij stierven? Lazarus werd gered en kon rusten in de boezem van Abraham, maar de rijke man viel in Hades en moest voor eeuwig lijden.

De vlammen waren zo heet dat hij zei, *"Vader Abraham, heb medelijden met mij en zend Lazarus, opdat hij de top van zijn vinger in water dope en mijn tong verkoele"* (v. 24). Hij kon niet wegkomen van de pijn, zelfs niet voor een ogenblik.

Wat voor soort persoon is een gezegend mens? Het is niet de mens die veel bezittingen en autoriteit heeft en van zijn leven geniet hier op aarde, zoals de rijke man. Ondanks dat zijn leven laag is, is het een waar gezegend leven om Jezus Christus aan te nemen en het hemelse koninkrijk binnen te gaan zoals Lazarus deed. Hoe kunnen we het leven op deze aarde, welke slechts zeventig of tachtig jaar duurt, vergelijken met het eeuwige leven?

Deze parabel vertelt ons dat het belangrijkste ding is, is niet het wel of niet rijk zijn op deze aarde, maar arm van geest te zijn en in God te geloven.

Het betekent echter niet, dat een persoon die een arme geest heeft en Jezus Christus heeft aangenomen net zoals Lazarus een arm leven moet leven en aan ziekten moet lijden om gered te zijn. Maar omdat Jezus ons verlost heeft van onze zonden en Zelf een leven van armoede leefde, wanneer wij arm van geest zijn en leven door het woord van God, kunnen wij rijk zijn (2 Korintiërs 8:9).

3 Johannes 1:2 zegt, *"Geliefden, ik bid, dat het u in alles wel ga en gij gezond zijt, gelijk het uw ziel wel gaat."* Wanneer onze ziel voorspoedig is, zullen wij geestelijk en lichamelijk gezond zijn, en zullen wij zegeningen van financiën, vrede in het gezin, en zo verder ontvangen.

Zelfs wanneer wij Jezus Christus hebben aangenomen, en genieten van de zegeningen van rijkdom, moeten wij ons geloof in Christus tot het einde bewaren om het hemelse koninkrijk volledig te kunnen bezitten. Wanneer wij van de weg van redding afdwalen door deze wereld lief te hebben, kan onze naam worden uitgewist uit het boek des levens (Psalm 69:28). Het is net zoals een wedloop. Wanneer de renner, die als eerste rent weg gaat van zijn koers, voordat hij de eindstreep heeft bereikt, kan hij geen enkele prijs winnen, en zeker niet te vergeten de gouden medaille.

Dat wil zeggen, zelfs wanneer wij een vurig christelijk leven leiden op dit moment, wanneer wij rijk van hart worden, mede door de verleidingen van geld en de wereldse pleziertjes, koelt onze vurigheid af. We kunnen zelfs van God afdwalen. Wanneer we dat doen, zullen wij niet in staat zijn om het koninkrijk van de hemel te bereiken.

Daarom staat er in 1 Johannes 2:15-16 geschreven:

Hebt de wereld niet lief en hetgeen in de wereld is. Indien iemand de wereld liefheeft, de liefde des Vaders is niet in hem. Want al wat in de wereld is: de begeerte des vlezes, de begeerte der ogen en een hovaardig leven, is niet uit de Vader, maar uit de wereld.

Verwerp de begeerte van het vlees

De begeerte van het vlees zijn de gedachten van leugen die in het hart omhoog komen. Dat zijn de naturen die zonden willen doen. Wanneer wij haat, boosheid, begeerten, na-ijver, een overspelig denken, en arrogantie in ons hart hebben, zullen wij willen zien, horen, denken en handelen naar deze naturen.

Bijvoorbeeld, wanneer iemand de natuur heeft om anderen te oordelen en te veroordelen, zullen zij de begeerte hebben om roddels te horen over anderen. Dan, zonder ook maar na te gaan en de waarheid te kennen, verspreiden zij deze dingen en lasteren anderen en voelen zich er goed over of ervaren genoegen terwijl ze dat doen.

Ook, wanneer iemand boosheid in het hart heeft, zal hij zelfs boos worden over kleine dingen. Hij voelt zich enkel goed, nadat hij zijn boosheid heeft uitgestort. Wanneer hij probeert om de boosheid in te houden, is het pijnlijk voor hem, dus kan hij niets anders doen dan zijn boosheid uit te storten.

Om deze begeerten van het vlees te verwerpen, moeten wij bidden. We kunnen ze zeker verwerpen, wanneer we de volheid van de Geest ontvangen door vurig gebed. In tegendeel, wanneer wij stoppen met bidden of de volheid van de Geest verliezen, geven wij Satan de kans om de begeerten van het vlees op te wekken. Als gevolg zullen wij de zonden daadwerkelijk doen.

1 Petrus 5:8 zegt, *"Wordt nuchter en waakzaam. Uw tegenpartij, de duivel, gaat rond als een brullende leeuw, zoekende wie hij zal verslinden."* Door gebed, moeten wij altijd wakker zijn om de volheid van de Geest te ontvangen. Door vurig gebed kunnen wij arm van geest worden door de begeerten van het vlees te verwerpen, welke de zondige natuur is.

Verwerp de begeerte der ogen

De begeerte der ogen is de zondige natuur die gevoed wordt wanneer we iets zien of horen. Het beweegt ons tot verlangen en het volgen van datgene wat we gezien of gehoord hebben. Wanneer wij iets zien, en het aannemen samen met gevoelens, zal het later, wanneer wij het opnieuw zien, dezelfde gevoelens stimuleren als toen. Zelfs zonder te zien, maar enkel bij het horen van iets gelijkaardigs, zal het gelijke gevoelens opwekken, die veroorzaakt worden door de begeerte der ogen.

Wanneer wij dit niet afsnijden, maar deze begeerte der ogen voortdurend aannemen, zal het de begeerte van het vlees voeden. En opnieuw zal dat uiteindelijk leiden tot het uitvoeren van de zonde. David, die een man naar Gods hart was, zondigde ook mede door de begeerte der ogen.

Op een dag, nadat David koning was geworden en de natie enige stabiliteit kreeg, was David op het dak en zag daar toevallig Batseba, de vrouw van Uria, die aan het baden. Hij werd verleid en nam haar en sliep met haar.

Op dat moment, was haar man in het oorlogsgebied, strijdende voor het land. David kwam er achter dat Batseba zwanger was. Om zijn zonde te bedekken, riep hij Uria terug van het oorlogsgebied en spoorde hem aan om thuis te slapen.

Maar in medeleven met zijn medesoldaten, die nog steeds aan het vechten waren, bleef hij aan de deur slapen van het huis van de koning. Toen de dingen niet gingen zoals hij het wilde, stuurde David Uria naar de frontlinie van de strijd, zodat hij gedood zou worden. David dacht dat hij meer van God hield, dan wie ook. Niettemin, toen de begeerte der ogen in hem kwam, zondigde hij door met de vrouw van een ander te slapen. Verder, om het helemaal te bedekken, beging hij een nog grotere zonde, door te moorden.

Later, als straf ging hij door een grote beproeving. De zoon die uit Batseba werd geboren, stierf en hij moest vluchten voor de rebellie van zijn zoon Absalom. Hij moest zelfs vloeken horen van een lager persoon.

Hierdoor, was David in staat om de soort van zonde te beseffen in zijn hart en kon hij zich volkomen voor God bekeren. Uiteindelijk werd hij een koning die op geweldige wijze door God werd gebruikt.

In deze dagen, genieten sommige jonge mensen van volwassen dingen die ze zien in films of op internet. Maar ze zouden het niet zo lichtzinnig moeten opnemen. Dit soort van begeerten der ogen is als het aansteken van het lont van vleselijke begeerte.

Laat ons het vergelijken met oorlog. Veronderstel dat de begeerte van het vlees vertegenwoordigd wordt door soldaten die aan het vechten zijn binnen de stadsmuren. Dan is de begeerte der ogen als de versterking of de militaire voorzieningen voor deze soldaten binnen de stadsmuren. Als ze voortdurend worden voorzien, zullen zij grotere kracht hebben om te strijden. Wanneer de lust van het vlees wordt versterkt, kunnen wij er niet tegen winnen.

Daarom, omdat het mogelijk is om door onze eigen wil de lusten van de ogen te verwerpen, zouden wij niets moeten zien, horen of denken wat niet de waarheid is. Bovendien, wanneer wij alleen de waarheid zien, horen en denken, en enkel goede gevoelens hebben, kunnen wij de begeerten der ogen volledig verwerpen.

Verwerp een hovaardig leven

Het hovaardige leven is de natuur die over zichzelf opschept. Het geeft toe aan de natuurlijke pleziertjes van de wereld om de begeerten der ogen en begeerte van het vlees te bevredigen en tegen anderen te pronken over wat ze hebben bereikt. Wanneer wij dit soort van natuur hebben, zullen wij opscheppen over rijkdom, eer, kennis, talenten, verschijning en ook ons zelf laten zien en de aandacht van anderen krijgen.

Jacobus 4:16 zegt, *"Maar nu roemt gij in uw grootspraak; al zulk roemen is verkeerd."* Roemen brengt geen enkel voordeel voor ons. Daarom staat er in 1 Korintiërs 1:31 geschreven, *"Wie roemt, roeme in de Here."* We moeten alleen in de Here roemen, om God te verheerlijken.

Roemen in de Here is om te roemen dat God ons heeft

geantwoord, ons zegeningen en genade heeft gegeven en van het koninkrijk van de Hemel. Het is om glorie te geven aan God en om geloof en hoop te planten in de hoorders zodat zij zullen verlangen naar geestelijke dingen.

Maar sommige mensen zeggen dat zij in de Here roemen, maar op een bepaalde manier willen zij er bovenuit komen. In dit geval, kan het anderen niet veranderen. Daarom, zouden wij naar onszelf moeten kijken in alles, zodat het hovaardige leven niet in ons zal komen (Romeinen 15:2).

Wordt een geestelijk kind

Er was een klein kind in een kleine stad in de Verenigde Staten. Omdat het klaslokaal van zijn zondagschool zo klein was, begon hij tot God te bidden om hem een groter klaslokaal te geven. Zelfs na enkele dagen was er geen antwoord, en toen begon hij elke dag brieven aan God te schrijven.

Maar echter, voordat hij tien werd, stierf hij. Terwijl zijn moeder voor zijn bezittingen zorgde, vond zij een dikke bundel met brieven die hij aan God had geschreven. Ze liet ze aan de voorganger zien, en hij was diep aangeraakt. Hij sprak er zelfs over in zijn preek.

Dit nieuws verspreidde zich in vele plaatsen, en offers begonnen te komen van hier en daar en spoedig was er meer dan genoeg om een nieuwe kerk te bouwen. Later werd er zelfs een lagere school en een middelbare school opgericht in zijn naam, en daarna zelfs nog een college. Het was het gevolg van het onschuldige geloof van een jong kind, die geloofde dat God Degene is die geeft wat wij vragen.

In Matteüs hoofdstuk 18, vroegen de discipelen aan Jezus wie de grootste is in het hemelse koninkrijk. Jezus antwoordde, *"Voorwaar Ik zeg u, wanneer gij u niet bekeert en wordt als de kinderen, zult gij het Koninkrijk der hemelen voorzeker niet binnengaan"* (v. 3). Ongeacht onze leeftijd, moeten wij voor God het hart van kinderen hebben.

Kinderen zijn onschuldig en puur, dus zij nemen alles aan wat zij leren. Evenzo, enkel wanneer wij geloven en het woord van God gehoorzamen, als wij er naar luisteren en het leren, kunnen wij het hemelse koninkrijk binnen gaan.

Bijvoorbeeld, Gods woord zegt "bidt zonder ophouden," dan zouden wij eigenlijk voortdurend moeten bidden zonder enig excuus. God zegt ons om ons ten alle tijden te verblijden, en dus zouden wij ons altijd moeten proberen te verheugen, zonder te denken, "Hoe kan ik mij nu verblijden terwijl ik zoveel zorgen in mijn leven heb?" God zegt ons om niet te haten, en wij zouden moeten proberen om zelfs onze vijanden lief te hebben, zonder enig excuus.

Evenzo, als wij harten van kinderen hebben, zullen wij ons snel bekeren van datgene wat wij verkeerd hebben gedaan en proberen te leven door het Woord van God.

Maar wanneer een persoon vasthoud aan de wereld en zijn onschuld verliest, zal hij verdoofd worden wanneer hij zondigt. Hij zal anderen oordelen en veroordelen, de fouten en tekortkomingen van anderen verspreiden, kleine en grote leugens vertellen, maar zal niet eens beseffen dat hij slechte dingen doet. Hij zal op anderen neerkijken, proberen om te worden bediend, en wanneer iets niet in zijn voordeel is, zal hij de genade vergeten die hij eens heeft ontvangen. Hij zal zelfs geen schuldig geweten hebben. Omdat hij groter verlangen heeft om zijn eigen dingen te zoeken, zal hij zo handelen om het te krijgen.

Maar in de waarheid, wanneer wij een geestelijk kind worden, zullen wij gevoelig reageren op datgene wat goed en slecht is. Wanneer wij iets goed zien, zullen wij gemakkelijk geraakt zijn en huilen, en zullen datgene wat slecht is haten en verafschuwen.

Zelfs wanneer mensen in de wereld zeggen dat het niet slecht is, wanneer God zegt dat het slecht is, zullen wij het vanuit ons hart haten en proberen om niet te zondigen.

Ook, een kind is niet arrogant, dus het blijft niet vasthouden aan zijn meningen. Hij neemt alleen maar datgene aan wat mensen hem leren. Evenzo, houdt een geestelijk kind zich niet vast aan zijn arrogantie of probeert zich te verheffen. De schriftgeleerden en farizeeërs, in de tijd van Jezus, oordeelden en veroordeelden anderen, zeggende dat zij de waarheid kenden, maar een geestelijke kind zal zoiets niet doen. Hij zal enkel nederig en vriendelijk handelen, net zoals onze Heer. Dus een geestelijk kind houdt niet vast aan het feit dat hij gelijk heeft, wanneer hij naar het Woord van God luistert. Ondanks dat er iets is dat niet in overeenstemming is met zijn kennis of iets wat hij niet begrijpt, zal hij niet oordelen of verkeerd begrijpen, maar enkel geloven en eerst gehoorzamen. Wanneer hij over de werken van God hoort, zal hij geen enkele trots laten zien of arrogantie, maar zal hij ernaar verlangen om ook dezelfde werken te ervaren.

Wanneer wij geestelijke kinderen worden, zullen wij geloven en het woord van God gehoorzamen, zoals het is. Wanneer wij enige zonde vinden overeenkomstig het woord, zullen wij proberen om onszelf te veranderen.

Maar in sommige gevallen, zullen zij een Christelijk leven leiden gedurende een lange periode, en zij verzamelen het Woord van God alleen maar als kennis, en hun hart wordt dat van een volwassene. Toen zij eerst Gods genade ontvingen, bekeerden zij zich en vastten om hun zonden te verwerpen, die zij ontdekten, maar later werden zij verdoofd.

Wanneer zij naar het Woord luisteren, denken zij, "Ik weet dit." Of ze gehoorzamen alleen maar de dingen die voordeel voor hen brengen of de dingen waarmee zij overeen kunnen komen. Ze oordelen en veroordelen anderen met het woord dat zij kennen.

Daarom om arm van geest te worden, moeten wij altijd de zonden in ons vinden, door het woord, het verwerpen door vurig

De eerste zegen · 17

gebed, en geestelijke kinderen worden. Alleen dan zullen wij in staat zijn om ons te verheugen in alle zegeningen die God voor ons heeft voorbereid.

Zegen om het eeuwige koninkrijk van de Hemel te bezitten

Welke zegeningen zullen zij die arm van geest zijn dan specifiek ontvangen? Matteüs 5:3 zegt, *"Zalig de armen van geest, want hunner is het koninkrijk der hemelen,"* en zoals gezegd, zullen zij de ware en eeuwige zegen ontvangen, namelijk het Hemels koninkrijk.

Het hemelse koninkrijk is waar de kinderen van God zullen verblijven. Het is een geestelijke plaats die niet vergeleken kan worden met deze wereld. Net zoals ouders wachten op de geboorte van hun baby en alles voorbereiden, zoals speelgoed en een kinderwagen, bereidt God het koninkrijk van de hemel voor, voor degenen die arm van geest zijn, hun hart openen, en het evangelie aannemen om Zijn kinderen te worden.

Zoals Jezus zei in Johannes 14:2, *"In het huis Mijns Vaders zijn vele woningen,"* zijn er vele verblijfplaatsen in het hemelse koninkrijk. Overeenkomstig hoeveel wij van God houden en door Zijn woord leven door ons geloof te behouden, zullen de verblijfplaatsen in de hemel verschillend zijn.

Wanneer iemand arm van geest is, maar enkel op het niveau

blijft van het aannemen van Jezus Christus en ontvangen van redding, zal hij naar het Paradijs gaan om daar voor eeuwig te leven. Maar wanneer iemand verder gaat in zijn leven in Christus en zichzelf veranderd door het Woord van God, dan zullen het Eerste, Tweede en Derde koninkrijk van de Hemel aan hem gegeven worden. Bovendien, zal degene die de heiliging van het hart heeft bereikt en getrouw geweest is, in Gods huis de mooiste verblijfplaats ontvangen, het Nieuwe Jeruzalem, om eeuwige zegen te genieten.

Hierbij verwijs ik naar de boeken *Hemel I* en *Hemel II*, over de verblijfplaatsen en het gelukkige leven in het hemelse koninkrijk. Laat mij u hier een kleine introductie geven over het leven in het Nieuwe Jeruzalem.

In de stad van het Nieuwe Jeruzalem, waar het licht van Gods glorie schijnt, wordt het geluid van lofprijs van engelen lichtjes gehoord. Een gouden weg loopt tussen de gebouwen, die gebouwd zijn van goud en kostbare gesteenten, die een stralend licht weergeven. Er zijn perfecte landschappen van groene velden, grasmatten, bomen, en mooie bloemen die goed gemengd zijn.

De rivier van het water des levens, welke zo helder als kristal is, stroomt rustig. Fijne gouden stranden liggen aan de oevers van de rivier. Op de gouden banken zijn manden geplaatst die vruchten bevatten van de boom des levens. Van verre afstand kan iemand de zee als glas zien. Op de zee, is een prachtig cruise schip dat gemaakt is met vele soorten edelstenen.

Mensen die deze plaats binnengaan worden door talloze engelen bediend, en zij genieten de autoriteit van een koning. Ze kunnen in de lucht vliegen in stralende op wolken gelijkende auto's. Ze zien altijd de Here in hun nabijheid en genieten van hemelse feestmalen met bekende profeten.

Bovendien, zijn er in het Nieuwe Jeruzalem talloze waardevolle en mooie dingen die we op deze aarde niet kunnen zien. Elke hoek is een voorstelling die de zintuigen overweldigd.

Daarom zouden wij niet zomaar op het niveau moeten blijven waarbij wij ternauwernood gered worden, maar meer arm van geest moeten worden en onszelf volledig veranderen met het woord, zodat wij de stad van het Nieuwe Jeruzalem kunnen binnen gaan, de mooiste verblijfplaats van de hemel.

De nabijheid van God is onze zegen

Wanneer wij arm van geest worden, zullen wij niet alleen God ontmoeten en redding ontvangen, maar wij zullen ook de autoriteit ontvangen als kinderen van God en andere zegeningen. Laat mij het getuigenis van een oudste in de gemeente aan u introduceren. Hij leed aan "vergiftiging" of anders genoemd "public hazard ziekte", maar hij ontving de zegeningen door arm van geest te zijn.

Ongeveer tien jaar geleden, moest hij tijdelijk rust nemen van zijn werk, mede door de ziekte. Vele keren had hij de aandrang om een einde aan zijn leven te maken, mede door de serieuze gevoelens van hulpeloosheid. Omdat hij geen sprankje hoop meer en wist dat hij niets uit zichzelf kon doen, had hij een arme geest.

In diezelfde tijd, ging hij naar de boekenwinkel, en per ongeluk kwam er een boek voor zijn ogen. Het was het boek Eeuwig leven smaken voor de dood. Het is het boek over mijn getuigenis en herinneringen. Ik was een atheïst geweest, en ik dwaalde rond aan de deur van de dood, mede door een zevenjarige periode van ziekten, die niet konden worden genezen door enige menselijke methode. Maar God kwam tot mij en ontmoette mij.

De man voelde dat mijn leven, gelijk was aan dat van hem, en hij kocht het boek, omdat hij voelde dat hij door een soort van macht werd gedreven. Hij las het in een keer uit, en huilde vele keren. Hij was er zeker van dat hij genezen kon worden en meldde zich aan bij onze gemeente.

Sindsdien, is hij genezen van zijn vreemdsoortige ziekte, door de kracht van God, en hij was in staat om opnieuw te gaan werken. Hij is aanbevolen door zowel zijn vele collega's als zijn supervisors. Hij heeft zegeningen van promotie ontvangen. Bovendien, evangeliseerde hij tegen meer dan zeventig mensen onder zijn familieleden. Hoe groot zal zijn hemelse beloning zijn!

Psalm 73:28 zegt, *"Maar mij aangaande, het is mij goed nabij God te zijn, de Here Here heb ik tot mijn toevlucht gesteld, en ik wil al uw werken vertellen."*

Wanneer wij de eerste zegen hebben genomen van de Zaligspreking, namelijk dicht bij God zijn, kunnen wij meer geestelijke kinderen worden, God met meer passie liefhebben, en het evangelie prediken aan degenen die arm van geest zijn. Ik hoop dat u volledig de Zaligspreking die de God van liefde en zegeningen voor u heeft voorbereidt, mag bezitten.

Hoofdstuk 2

De tweede zegen

Zalig die treuren, want zij zullen vertroost worden

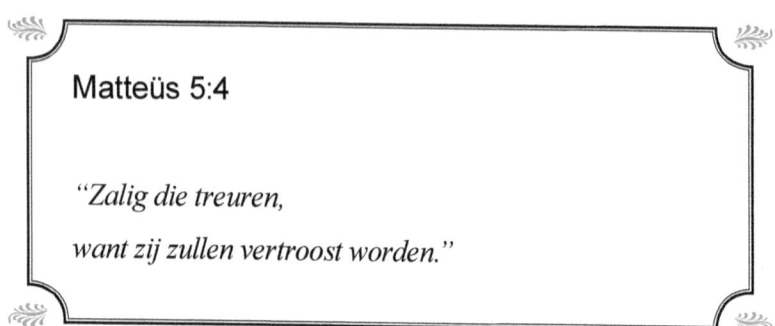

Matteüs 5:4

"Zalig die treuren,
want zij zullen vertroost worden."

Er waren twee vrienden die ontzettend veel van elkaar hielden. Ze zorgden en hielden zoveel van elkaar dat zij zelfs hun leven konden opofferen voor de ander. Maar op een dag, stierf een van hen in de strijd. Degene die overbleef treurde tot de avond, terwijl hij zijn vriend miste, die was gestorven.

"Ik ben wanhopig vanwege jou, mijn broeder Jonathan je bent altijd zo aangenaam voor mij geweest. Je liefde voor mij was meer dan de liefde voor vrouwen."

Deze man nam de zoon van zijn vriend en zorgde voor hem als voor zijn eigen zoon. Het is het verhaal van David en Jonathan, wat staat uitgelegd in 2 Samuël hoofdstuk 1.

Terwijl wij hier op deze wereld leven, komen wij vele droevige dingen tegen, zodat de dood van geliefden, pijnen door ziekte, moeilijkheden in het leven, financiële problemen, enzovoort. Het is geen uitzondering om te zeggen dat het leven een voortgang van zorgen is.

Vleselijk treuren, niet de wil van God

In de menselijke geschiedenis, zien we oorlogen, terrorisme, hongersnood, en andere rampen die plaatsvinden op nationale niveaus. Ook daarin zijn vele zorgelijke dingen en problemen die plaatsvinden op individueel niveau.

Sommigen hebben zorgen vanwege financiële moeilijkheden, en weer anderen lijden in de pijnen van ziekten. Sommigen hebben gebroken harten omdat hun plannen niet worden vervuld en weer anderen huilen bitter omdat ze verraden werden door hun geliefden.

Dit soort van treuren veroorzaakt door zorgelijke gebeurtenissen is vleselijk treuren. Het komt van iemands slechte emoties. Het is nooit de wil van God. Dit soort van vleselijk treuren kan niet door God worden getroost.

De Bijbel zegt ons eerder dat het de wil van God voor ons is om ons ten alle tijden te verheugen (1 Tessalonicenzen 5:16). God zegt ook in Filippenzen 4:4 *"Verblijdt u in de Here te allen tijde! Wederom zal ik zeggen: verblijd u!"* Vele Bijbelverzen zeggen ons dat wij ons moeten verheugen.

Sommigen vragen zich misschien verwonderd af, "Ik kan mij verblijden, wanneer er iets is om mij over te verheugen, maar wanneer ik lijdt door de vele problemen, pijnen en moeilijkheden, hoe kan ik mij dan verblijden?"

Maar wij kunnen ons verheugen en dankbaar zijn, omdat wij al kinderen van God geworden zijn, die gered zijn en de beloften van het hemelse koninkrijk hebben ontvangen. Ook, wanneer wij als Gods kinderen vragen, zal Hij ons horen en onze problemen oplossen. Omdat wij dit feit geloven, kunnen wij ons zeker verheugen en dankbaar zijn.

Het is het verhaal van Rev. Dr. Myongho Cheong, die een zendeling was in onze gemeente in Afrika, die in vierenvijftig landen van Afrika het evangelie predikte. Ongeveer tien jaar geleden, stopte hij met zijn werk als een professor aan de universiteit en ging naar Afrika om daar zendingswerken te doen. Spoedig stierf zijn enige zoon.

Vele gemeenteleden troostten hem, maar hij bleef God danken en troostte zelf de gemeenteleden. Hij was dankbaar omdat God zijn zoon had genomen tot het hemelse koninkrijk waar er geen zorgen, tranen, pijn of ziekte meer is, en omdat hij hoop had dat hij zijn zoon opnieuw zou zien in de hemel, kon hij zich verheugen.

Evenzo, wanneer wij geloof hebben, zullen we geen vleselijk treuren hebben, waardoor wij niet in staat zijn om onze droevige emoties te overwinnen, omdat we vele zorgelijke dingen hebben. We zullen in staat zijn om ons in elke situatie te verheugen.

Zelfs wanneer wij een bepaald probleem tegenkomen, als wij dank geven en met geloof bidden, zal God werken wanneer Hij ons geloof ziet. Hij zal alles laten mede werken ten goede, en dus, zullen de zichtbare zorgelijke situaties niets uitmaken voor de ware kinderen van God.

God wil het geestelijk treuren

Wat God wil, is geen vleselijk treuren, maar geestelijk treuren. Matteüs 5:4 zegt, *"Zalig zij die treuren,"* en hier betekent "treuren" geestelijk treuren om het koninkrijk en de gerechtigheid van God. Wat voor soorten geestelijk treuren zijn er dan?

Ten eerste, is er het treuren van bekering.

Wanneer wij geloven in Jezus Christus en Hem aannemen als onze Redder, beseffen wij in ons hart, door de hulp van de Heilige Geest, dat Hij aan het kruis stierf voor onze zonden. Wanneer wij deze liefde van Jezus voelen, zullen wij het treuren van bekering hebben, terwijl wij ons bekeren van onze zonden zullen de tranen en onze neus lopen.

Bekering is het afkeren van een leven in zonde, toen wij God niet kenden en door het Woord van God gingen leven. Wanneer wij het treuren van bekering hebben, zal de last van onze zonden worden weggenomen, en kunnen wij de vreugde ervaren die uit ons hart stroomt.

Het is reeds meer dan 30 jaar geleden, en ik herinner mij nog heel duidelijk de eerste opwekkingssamenkomst die ik bijwoonde, nadat ik God ontmoette. Daar heb ik het treuren van bekering ervaren met tranen en een loopneus, terwijl ik het Woord van God hoorde.

Voordat ik God ontmoette, was ik er al trots op dat ik een rechtvaardig en goed leven leefde. Maar terwijl ik naar het Woord van God luisterde, terugkijkende op mijn verleden, kwam ik erachter dat er vele leugenachtige dingen waren. Toen ik mijn hart in bekering verscheurde, voelde mijn lichaam zo licht en verfrist aan net alsof ik aan het vliegen was. Ik kreeg ook zekerheid dat ik kon leven door het Woord van God. Vanaf dat moment ben ik gestopt met roken en drinken en begon ik de Bijbel te lezen en de dagelijkse bidstonden bij te wonen.

Zelfs na het ontvangen van deze genade van het treuren van bekering, kunnen wij andere dingen hebben waarover wij treuren in ons christelijk leven. Eens wij Gods kinderen worden, moeten wij de zonden verwerpen en een heilig leven leiden overeenkomstig het Woord van God. Maar totdat wij het punt bereiken dat wij zijn opgegroeid tot de mate van geloof, zijn wij niet volmaakt en zondigen wij soms.

In deze situatie, wanneer wij God liefhebben, zullen wij spijt hebben voor God en ons volledig bekeren, biddende, "God, help mij zodat dit soort van dingen niet meer gebeurt. Geef mij de kracht om Uw woord uit te oefenen." Wanneer wij dit soort van treuren hebben, zal de kracht om de zonden te verwerpen van boven komen. Dus, hoe groot is de zegen van het treuren!

Sommige gelovigen plegen herhaaldelijk dezelfde zonden en bekeren zich opnieuw en opnieuw. Het is een geval waarbij verandering heel langzaam gaat of waar er geen verandering is. Dat komt omdat ze zich niet echt bekeren vanuit het diepst van hun hart, ondanks dat ze misschien zeggen dat ze treuren van bekering.

Veronderstel dat een jong persoon omgaat met slechte vrienden en heel veel slechte dingen doet. Hij vraagt zijn ouders om vergeving, maar blijft dezelfde dingen doen. Dan is dat geen ware bekering. Hij moet zich omkeren, stoppen met het omgaan met slechte vrienden en hard studeren. Dan pas kan het worden beschouwd als ware bekering.

Evenzo, zouden we niet dezelfde zonden moeten blijven doen, door ons enkel te bekeren met woorden, maar vruchten van bekering dragen door goede werken te laten zien (Lukas 3:8).

Bovendien, terwijl ons geloof groeit en wij leiders in de gemeente worden, zouden we niet langer treuren vanwege bekering moeten hebben. Dit betekent niet dat wij niet zouden moeten rouwen nadat wij gezondigd hebben. Het betekent dat wij de zonden moeten verwerpen zodat we er nier meer over moeten rouwen.

Wanneer wij onze plichten niet vervullen, treuren wij ook in bekering. 1 Korintiërs 4:2 zegt, *"Voor zulke beheerders is dit tenslotte het vereiste: betrouwbaar te blijven."* Dus we moeten getrouw zijn en goede vruchten dragen in onze plichten. Wanneer wij dat niet doen, moeten wij ons in rouw bekeren.

Een belangrijk ding hier is, dat wanneer wij ons niet bekeren en terug keren, wanneer wij onze plichten niet hebben vervuld, het een muur van zonde wordt tegen God, en dan zullen wij als gevolg daarvan niet beschermd worden door God. Het is net zoals een ouder kind dat nog steeds handelt als een baby, en hij moet voortdurend standjes gegeven worden.

Maar wanneer wij ons bekeren en rouwen vanuit het diepst van ons hart, zal Gods gegeven vreugde en vrede in ons komen.

God zal ons dan ook de zekerheid geven dat we het kunnen doen. Hij geeft ons de kracht om onze plichten te vervullen. Dit is de troost die God geeft aan degenen die treuren.

Ten tweede, is er het treuren om de broeders in het geloof.

Soms zondigen de broeders in het geloof en gaan op de weg van de dood. In dat geval, als we nog genade hebben, zullen wij bezorgd en bekommerd zijn om die broeders. Dus zullen wij treuren alsof het onze eigen zaken zijn. We zullen ons zelfs omwille van hen bekeren en met liefde bidden zodat zij kunnen handelen door de waarheid.

We kunnen het soort van treuren hebben en met tranen gebeden van bekering bidden omwille van hen wanneer wij echte liefde voor die zielen hebben. God heeft welgevallen met dit soort van gebeden met treuren en geeft ons Zijn troost.

In tegenstelling, zijn er mensen die anderen oordelen en veroordelen en moeilijke tijden geven aan anderen, eerder dan te treuren en voor hen te bidden. Sommige mensen verspreiden ook ongerechtigheden van andere mensen, en dit is niet recht in de ogen van God. We moeten de fouten van anderen met liefde bedekken, en voor hen bidden dat ze niet zondigen.

Het martelaarschap van Stefanus staat opgeschreven in Handelingen hoofdstuk 7. De joden namen aanstoot aan de boodschap die Stefanus preekte. Toen hij zei dat zijn geestelijke ogen geopend waren en hij de Here Jezus zag staan aan de rechterhand van God, stenigden zij hem ter dood. Zelfs terwijl hij gestenigd werd, bad Stefanus met liefde voor deze boze mensen die hem aan het stenigen waren.

En zij stenigden Stefanus, die de Here aanriep, zeggende: Here Jezus ontvang mijn geest. En op de knieën vallende, riep hij met luider stem: Here, reken hun deze zonde niet toe! En met deze woorden ontsliep hij (Handelingen 7:59-60).

Wat waren de handelingen van Jezus? Hij werd bespot en vervolgd, toen Hij werd gekruisigd, maar toch bad Hij voor degenen die Hem kruisigden, zeggende, *"Vader, vergeef het hun, want zij weten niet wat zij doen"* (Lucas 23:34).

Terwijl Hij de pijnen van het kruis nam en ondanks dat Hij volkomen onschuldig was, bad Hij nog steeds voor de vergeving van zonden van degenen die Hem kruisigden. Hierdoor kunnen wij begrijpen hoe diep, breed en groot de liefde van Jezus is voor de zielen. Dit is het gepaste soort van hart in de ogen van God. Dit is het hart waarmee we zegeningen kunnen ontvangen.

Daar is ook het treuren om meer zielen te redden.

Wanneer Gods kinderen degenen zien die in de zonde van deze wereld blijven volharden en op het pad van de vernietiging gaan, moeten zij liefdevol medelijden hebben met het verlangen van genade voor hen. Vandaag de dag triomferen zonden en boosheid net zoals in de dagen van Noach. Die generatie werd gestraft door de vloed. Sodom en Gomorra werd gestraft door vuur.

Daarom zouden wij moeten treuren om onze ouders, broeders en zusters, familieleden en buren die nog niet gered zijn. We zouden ook moeten treuren om onze natie en mensen, de gemeenten en alle dingen die het koninkrijk van God verstoren. Dit betekent dat wij zouden moeten treuren om het winnen van zielen.

De Apostel Paulus was altijd bezorgd en treurend om het koninkrijk en de gerechtigheid van God en de zielen. Hij werd vervolgd en ging door zoveel moeilijkheden terwijl hij het evangelie preekte. Hij was zelfs in de gevangenis gezet. Maar hij treurde niet om zijn persoonlijk lijden, maar prees en bad enkel tot God (Handelingen 16:25). Maar om het koninkrijk van God en de zielen, treurde hij heel veel.

Afgezien van de dingen, die er verder nog zijn, mijn dagelijkse beslommering, de zorg voor al de gemeenten. Indien iemand zwak is, zou ik het dan niet zijn? Indien iemand aanstoot neemt, zou ik dan niet in brand staan? (2 Korintiërs 11:28-29).

Waakt dan en herinnert u, dat ik drie jaren lang dag en nacht niet heb opgehouden ieder afzonderlijk onder tranen terecht te wijzen (Handelingen 20:31).

Wanneer de gelovigen niet standvastig op het woord van God staan of wanneer de gemeente de glorie van God niet openbaart, zullen mensen zoals Paulus treuren en bezorgd zijn betreffende dit.

Ook wanneer zij worden vervolgd om de naam van de Here, treuren zij niet omdat het moeilijk voor hen is. Ze treuren liever om de zielen van andere mensen. Bovendien, wanneer zij zien hoe de wereld duisterder en duisterder wordt, treuren zij en bidden dat de glorie van God geopenbaard zal worden op een grotere wijze en meer zielen gered zullen worden.

De noodzaak van geestelijke liefde om geestelijk te treuren

Wat zouden wij nu moeten doen om geestelijk te treuren, datgene wat God wil? Om geestelijk treuren te hebben, zouden wij bovenal geestelijke liefde in ons moeten hebben.

Zoals Johannes 6:63 zegt, *"De Geest is het die levend maakt, het vlees doet geen nut,"* dat is het soort van liefde die God erkent, leven geeft en in staat is om de mensen te leiden tot de weg van redding. Zelfs wanneer iemand veel liefde lijkt te hebben, wanneer zijn liefde ver van de waarheid verwijderd is, is het enkel vleselijke liefde.

Liefde kan worden onderverdeeld in vleselijke liefde en geestelijke liefde. Vleselijke liefde is de liefde die zichzelf zoekt.

Het is onbetekende liefde die uiteindelijk zal veranderen en verdwijnen. Aan de andere kant, verandert geestelijke liefde nooit. Dit is de liefde, binnen het Woord van God welke de waarheid is. Het is ware liefde, die het voordeel van anderen zoekt terwijl het zichzelf offert.

Geestelijke liefde kan niet worden verkregen door menselijke kracht. Alleen wanneer we de liefde van God beseffen en in de waarheid verblijven kunnen wij zo'n liefde geven. Wanneer wij geestelijke liefde hebben, die zelfs van onze vijanden kan houden en ons leven kan opgeven voor anderen, dan kan God ons overvloedige zegeningen geven. Met deze liefde, kunnen wij leven geven overal waar wij gaan, en vele mensen zullen tot de Here terugkeren.

Daarom, wanneer wij geestelijke liefde in onze harten hebben, kunnen wij treuren voor de stervende zielen en voor hen bidden. Met deze liefde, zullen zelfs mensen met verharde harten veranderen, en het kan leven en geloof geven.

De voorvaders van geloof, die door God geliefd werden, hadden dit soort geestelijke liefde, en zij baden voor de zielen, die op de weg van de vernietiging waren. Ze baden met tranen en treuren om het koninkrijk en de gerechtigheid van God. Ze huilden niet alleen, maar zij zorgden ook dag en nacht voor andere zielen, terwijl ze getrouw waren aan de plichten die zij hadden gekregen.

Het is werkelijk geestelijk treuren, alleen als het gevolgd wordt door de daden van het gepredikte woord, gebed, en het zorg dragen van de zielen met liefde voor hen. Wanneer wij geestelijke liefde hebben, zullen wij ook het geestelijke treuren hebben om Gods koninkrijk en Zijn gerechtigheid.

Dan zal zoals Matteüs 6:33 zegt, *"Maar zoekt eerst Zijn koninkrijk en Zijn gerechtigheid en de rest zal u bovendien geschonken worden"* de geest en ziel veranderen, het koninkrijk van God wordt bereikt, en andere nodige dingen worden overvloedig door God voorzien.

De zegeningen die worden gegeven aan degenen die treuren

Zoals Matteüs 5:4 zegt, *"Zalig die treuren, want zij zullen vertroost worden,"* zullen wij wanneer wij geestelijk treuren door God getroost worden.

De troost die God geeft aan ons is anders dan de troost die mensen kunnen geven. 1 Johannes 3:18 zegt, *"Kinderkens, laten wij liefhebben niet met het woord of met de tong, maar met de daad en in waarheid."* Zoals God heeft gesproken, troost Hij ons niet alleen met woorden, maar ook met materiële dingen.

Degenen die arm zijn, geeft God financiële zegeningen. Degenen die onder ziekten lijden, geeft God gezondheid. Degenen die bidden om een hartverlangen, geeft God antwoord.

Ook degenen die treuren omdat ze niet genoeg kracht hebben om hun plichten te vervullen, geeft God de kracht. Degenen die treuren om de zielen, geeft God de vrucht van evangelisatie en opwekking. Bovendien, geeft God degenen die hun hart verscheuren en treuren om hun zonden te verwerpen, de genade van vergeving van zonden wanneer wij geestelijk treuren. Ook, tot de mate dat zij de zonden verwerpen en worden geheiligd, zegent God hen om de grote en krachtige werken van God te manifesteren zoals dat het geval was bij Paulus.

Enkele jaren geleden, ging ik door grote moeilijkheden waarbij het voortbestaan van deze gemeente werd bedreigd. Ik moest zoveel treuren vanwege de mensen die de moeilijkheden in de gemeente brachten, en om die leden die onschuldig waren en toch werden vervolgd. Vanwege de leden die een zwak geloof hadden, en de gemeente verlieten, kon ik niet eten of slapen.

Omdat ik wist dat het een grote zonde was om de gemeente van God te verstoren, huilde ik vele tranen terwijl ik aan de zielen dacht die deze problemen veroorzaakten in de gemeente. Vooral toen ik de zielen zag die de roddels hoorden, de gemeente verlieten en opstonden tegen God, moest ik treuren, omdat ik de verantwoordelijkheid voelde dat ik niet voldoende voor hen had gezorgd.

Ik verloor zoveel gewicht, en het was moeilijk voor mij om te wandelen. Ik moest toch drie keer per week prediken. Soms schudde mijn lichaam, maar vanwege mijn bezorgdheid om de gemeenteleden, moest ik op mijn plaats staan. God zag mijn hart en iedere keer wanneer ik bad, troostte Hij mij zeggende, "Ik hou van jou. Dit is een zegen."

De zegen om Gods troost te ontvangen

Toen de tijd aanbrak, loste God elke probleem van misverstand een voor een op, en het was de kans voor onze gemeenteleden om op te groeien in geloof. God begon zo'n ontzagwekkende werken van Zijn kracht te laten zien dat het niet vergeleken kon worden met vroegere werken. Hij toonde ons talloze tekenen en wonderen en buitengewone dingen.

Hij redde de gemeente van het ineenstorten en Hij gaf ons zegeningen van gemeente opwekkingen. Hij opende ook de weg tot wereld zending. In de buitenlandse campagnes, zond Hij honderden, dan duizenden en miljoenen mensen om bijeen te komen en het evangelie te horen en redding te ontvangen. Wat voor soort beloning en vreugde was dat!

De '2002 India Wonderen Genezing Gebedsfestival' werd gehouden op het tweede grootste strand van de wereld, Marina strand, India. Het werd naar schatting door meer dan 3 miljoen mensen bezocht. Velen van hen werden genezen en talloze Hindoes bekeerden zich.

Gods troost komt in zegeningen die wij ons niet kunnen voorstellen. Hij geeft ons datgene wat we meest nodig hebben, en meer dan genoeg. Hij geeft ons ook beloningen in het hemelse koninkrijk, en daarom is het een ware zegen.

Openbaring 21:4 zegt, *"En Hij zal alle tranen van hun ogen afwissen, en de dood zal niet meer zijn, noch rouw, noch geklaag, noch moeite zal er meer zijn, want de eerste dingen zijn voorbijgegaan."* Zoals gesproken, betaald God ons terug met glorie en beloningen in de hemel, waar geen tranen, geen zorgen en geen pijn meer zijn.

De hemelse huizen van degenen die altijd treuren en bidden om het koninkrijk van God en Zijn gemeente zullen bezittingen van goud hebben, vele kostbare stenen en andere beloningen. En het zal vooral gedecoreerd zijn met grote en stralende parels. Totdat elke parel gemaakt is, moet de oester pijn en irritatie doorstaan, gedurende een lange periode en scheidt een kristalachtige grondstof af en daaruit de parel te vormen.

Op dezelfde wijze, terwijl wij worden ontwikkeld op deze aarde, als wij tranen huilen om te veranderen, en bidden met treuren om het koninkrijk van God en andere zielen, zal God ons troosten met de parel die al deze dingen symboliseert.

Laat ons daarom niet treuren op een vleselijke manier, maar een geestelijke en enkel voor het koninkrijk van God en voor andere zielen. als wij dat doen zullen wij worden getroost door God en waardevolle beloningen ontvangen in het hemelse koninkrijk.

Hoofdstuk 3
De derde zegen

— ∽∾ —

Zalig de zachtmoedigen,
want zij zullen de aarde beërven

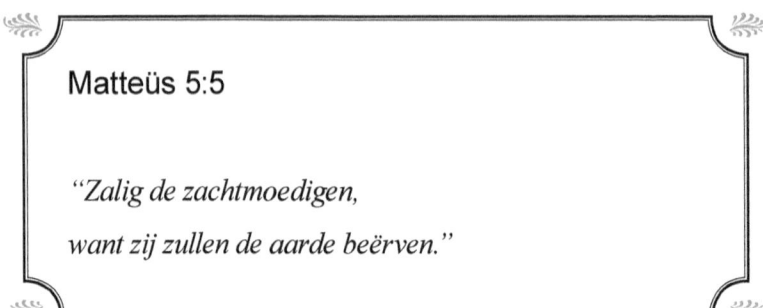

Matteüs 5:5

*"Zalig de zachtmoedigen,
want zij zullen de aarde beërven."*

Toen Lincoln een onbekende advocaat was, in zijn jongere jaren, was er een advocaat bij de naam van Edwin M. Stanton die een grote afkeer had aan Lincoln. Op een keer, werd tegen Stanton gezegd dat hij een zaak zou nemen met Lincoln, en hij sloeg toen met de deur en vertrok.

"Hoe moet ik nu werken met deze plattelandse advocaat?"

Terwijl de tijd verstreek, toen de verkozen president Lincoln zijn kabinet vormde, stelde hij Stanton als de zevenentwintigste Secretaris van de Oorlog van de Verenigde Staten aan. De Adviseurs van Lincoln waren verrast en vroegen hem om zijn afspraak te herzien. Dat kwam omdat Stanton een keer in het openbaar kritiek had gegeven, zeggende dat het een "nationale ramp" was dat Lincoln was gekozen tot president.

"Wat maakt het uit of hij op mij neerkijkt? Hij heeft een groot plichtsgevoel, en hij is in staat om moeilijke situaties te overwinnen. Hij is meer dan gekwalificeerd om de Secretaris van de oorlog te zijn."

Lincoln had een hart dat zowel groot als zachtmoedig was. Hij was in staat om zelfs een persoon te begrijpen en te omarmen die hem bekritiseerde. Uiteindelijk, kreeg zelfs Stanton respect voor hem, en toen hij stierf, gaf hij de opmerking over Lincoln, zeggende, "Lincoln was de meest perfecte heerser over mensen die de wereld ooit heeft gezien."

Evenzo, om iemand te veranderen en zijn goede kanten naar voor te brengen, zouden we eerder een goed en zachtmoedig hart moeten laten zien dan een hekel te hebben aan die persoon en hem te mijden omdat hij ons niet mag.

Geestelijke zachtmoedigheid erkend door God

Over het algemeen, zeggen mensen dat introvert, verlegen, zachtmoedig zijn en het hebben van een zacht en mild temperament, zachtmoedigheid is. Maar God zegt dat degenen die zachtmoedig zijn met deugdzaamheid, echt zachtaardig is. Hier betekent "deugdzaamheid" "dingen die recht, gepast en vanuit een oprecht hart zijn." Deugdzaamheid in God is controle te hebben om oprecht te handelen naar andere mensen, het hebben van waardigheid, en toegerust te zijn in alle aspecten.

Zachtmoedigheid en deugdzaamheid lijken op elkaar, maar er is een duidelijk verschil. De zachtmoedigheid is meer innerlijk, terwijl de deugdzaamheid als een kleed is aan de buitenkant. Zelfs wanneer iemand een groot persoon is, als hij niet de gepaste kleding draagt, zal het zijn projectie van elegantie en waardigheid neerhalen. Evenzo, als wij geen deugdzaamheid hebben samen met zachtmoedigheid, kan dat geen perfectie zijn. Zelfs wanneer wij deugdzaamheid hebben, als wij geen zachtmoedigheid in ons hebben, is het waardeloos. Het is als de schil van een noot, zonder iets erin.

De geestelijke zachtmoedigheid die door God erkent kan worden is niet alleen het hebben van een mild karakter, maar het is ook het hebben van deugdzaamheid. Dan zullen wij in staat zijn om een groot hart te hebben om vele mensen te omarmen zoals een grote boom veel schaduw geeft aan de mensen om te rusten.

Omdat Jezus zachtmoedig was, maakte Hij geen ruzie of schreeuwde niet, en Zijn geluid werd niet op de straat gehoord. Hij behandelde goede mensen en slechte mensen met hetzelfde hart, en zo, volgden vele mensen hem.

Deugdzaamheid om vele mensen te omarmen

In de Koreaanse geschiedenis, was er een koning die een zachtmoedig karakter had. Het was Sejong de Grote. Hij had niet alleen een zachtmoedig karakter, maar hij bezat ook deugdzaamheid. Hij werd door zijn ministers en de mensen geliefd. In zijn tijd, waren er grote studenten zoals Hwang Hee en Maeng Sa Sung. Het belangrijkste was dat hij het presteerde om het "Han-gul" het Koreaanse alfabet te creëren.

Hij hervormde het medische systeem en het metaal zetten. Hij stelde vele soorten mensen aan in verschillende gebieden inclusief in muziek en wetenschap, en bereikte prachtige culturele prestaties. Dus u kunt zien dat wanneer iemand zachtmoedigheid met deugdzaamheid bezit, vele mensen in hem kunnen rusten, en dat de vruchten ook mooi zijn.

Degenen die zachtmoedig zijn kunnen zelfs anderen

omarmen die andere ideeën en opleidingen hebben. Zij oordelen of veroordelen niet met slechtheid, in geen enkel geval. Zij begrijpen het standpunt van anderen in elke situatie. Hun harten kunnen worden omschreven als zacht en aangenaam genoeg om anderen in nederigheid te dienen.

Wanneer we een steen gooien op een hard stuk metaal, zal het een luid lawaai maken. Wanneer we een steen naar glas gooien, zal het stukgaan. Maar wanneer we een steen in een hoop katoen gooien, zal het totaal geen lawaai maken of breken, maar het katoen zal de steen omringen.

Evenzo, zal degene die zachtmoedig is, zelfs niet degenen verlaten die zwak geloof hebben en handelen in het boze. Hij zal tot het einde wachten voor hen om te veranderen en hen leiden om het beter te doen. Zijn woorden zullen niet luid zijn of verstrooien, maar zullen zacht en zachtmoedig zijn. Hij zal geen nutteloze dingen spreken, maar enkel woorden van waarheid die noodzakelijk zijn.

Ook, wanneer sommige anderen hem haten, zal hij geen aanstoot nemen of slechte gevoelens tegen hen hebben. Wanneer hij advies of een berisping krijgt, zal hij het vreugdevol aannemen om zichzelf te verbeteren. Dit soort van persoon zal niet zo gemakkelijk problemen hebben met een ander persoon. Hij zal de tekortkomingen van anderen begrijpen en hen omarmen, zodat hij het hart van velen kan winnen.

Ontwikkel het hart en maak goede grond

Voor ons om geestelijke zachtmoedigheid te hebben, moeten wij vurig proberen om het veld van ons hart te ontwikkelen. In Matteüs hoofdstuk 13, gaf Jezus ons het parabel van vier verschillende soorten van grond, hen vergelijkend met ons hart.

Elk zaad dat in de grond langs de verharde weg valt, zal niet in staat zijn om te groeien en wortel te schieten. Een hart zoals dit, zal nooit geloof hebben zelfs niet na het luisteren naar het woord van God. Iemand die dit soort van hart heeft is koppig; hij opent zijn hart niet zelfs niet na het horen van de waarheid, dus hij kan God niet ontmoeten. Zelfs als hij naar een kerk gaat, is hij alleen maar een kerkganger. Het woord is niet in hem geplant, dus zijn geloof spruit niet uit, schiet geen wortel en groeit niet.

De rotsachtige grond kan het zaad doen uitspruiten wat erin valt, maar er kan niets groeien uit het zaad vanwege de rotsen. Iemand die dit hart heeft, heeft niet de zekerheid van geloof, zelfs na het luisteren naar het Woord. Wanneer hij wordt getest, faalt hij en valt. Hij kent God en ontvangt ook de volheid van de Geest, dus hij is beter dan de grond "langs de weg." Maar omdat zijn hart niet ontwikkeld is in de waarheid, verdort het en sterft en zijn er geen daden die de ontwikkeling volgen.

In het doornachtige veld, kan het zaad uitspruiten en opgroeien, maar vanwege de doornen, kan het geen vrucht dragen.

Iemand die dit hart heeft, heeft zijn verlangens, verzoekingen om geld, zorgen van deze wereld en zijn eigen plannen en gedachten, dus hij kan de kracht van God niet in elke zaak ervaren.

In de goede grond, kan het zaad opgroeien en vrucht dragen welke dertig, zestig of honderd keer meer is dan het originele zaad. Iemand die dit hart heeft zal enkel met "Ja" en "Amen" gehoorzamen aan het woord van God dat hij hoort, zodat hij overvloedig vrucht kan dragen in elke zaak. Dit is het hart van goedheid dat God verlangt.

Laat ons onderzoeken wat voor soort hart wij hebben. Natuurlijk, is het moeilijk om precieze onderscheiding te maken, of we langs de weg, in rotsachtige grond, in doornachtige grond of in goede grond alsof we gewogen worden met een schaal. Degenen "langs de weg" kunnen ook enige rotsachtige grond hebben, en zelfs wanneer wij enige goede grond hebben, kunnen leugens die als rotsen in ons hart zijn, als wij groeien.

Maar ongeacht het soort van grond ons hart heeft, als wij het ijverig ontwikkelen, kunnen wij goede grond maken. Evenzo, eerder dan wat voor soort hart wij hebben, des te belangrijker is het hoe wij ijverig proberen onze harten te ontwikkelen.

Net, zoals een boer de rotsen uit de grond neemt, het onkruid verwijderd, en het vruchtbaar maakt, om het tot goede grond te maken, terwijl hij hoopt op een overvloedige oogst, als wij alle soorten van zonde verwijderen zoals haat, na-ijver, jaloezie, ruzie, oordeel, en veroordeling vanuit ons hart, kunnen wij een hart met goede grond hebben, welke rijk is aan goedheid en vriendelijkheid in karakter.

Gebed met geloof tot het einde en verwerp de zonde

Voor ons om ons hart te ontwikkelen, moeten wij allereerst aanbidden in geest en in waarheid om te luisteren naar het woord en het te begrijpen. Ook zelfs in moeilijkheden, moeten wij ons altijd verheugen, voortdurend bidden, en dank geven onder alle omstandigheden samen met de pogingen om de zonden in onze hart te verwerpen.

Wanneer wij om kracht van God vragen door vurig gebed en proberen te leven door het woord, dan kunnen we de genade en kracht van God ontvangen en de hulp van de Heilige Geest, zodat we snel de zonde verwerpen.

Zelfs wanneer de grond zeer goed is, als wij de zaden niet zaaien, en niet voor de oogst zorgen, dan zullen wij geen enkele oogst hebben. Evenzo, is het een belangrijke ding, dat we niet een keer of twee keer zouden moeten proberen en dan stoppen, maar met geloof te bidden tot het einde. Omdat, het geloof de zekerheid der dingen is die men hoopt (Hebreeën 11:1), moeten wij ijverig proberen en bidden met geloof. Alleen dan zullen wij in staat zijn om overvloedig te oogsten.

Ook, in het proces van het verwerpen van de vormen van de

zonde van onze harten, kunnen we denken dat we de zonde tot enige mate hebben verworpen, maar dan blijkt dat de zonde aan de oppervlakte blijft. Het is net zoals het afpellen van de huid van uien. Zelfs na het afpellen van enkele lagen, heeft het nog steeds dezelfde soort van huid. Maar wanneer wij niet opgeven, maar de zonde tot het einde blijven verwerpen, zullen wij uiteindelijk een zachtmoedig hart hebben dat geen zonde in zich heeft.

Zachtmoedigheid van Mozes

Terwijl Mozes de Israëlieten leidde naar het land van Kanaän gedurende de veertig jaren van de Exodus, onderging hij vele moeilijke situaties.

Alleen de volwassen mannen waren al 600.000. Inclusief vrouwen en kinderen, moet het aantal wel meer dan twee miljoen mensen zijn geweest. Hij moest vele mensen leiden gedurende veertig jaren in de wildernis waar geen eten of water was. We kunnen ons voorstellen hoeveel moeilijke hindernissen hij heeft moeten overwinnen!

Daar was het leger van Egypte die hen achterna zaten (Exodus 14:9), en voor zich hadden ze de Rode Zee. Maar God opende de Rode Zee voor hen zodat ze er doorheen konden trekken op droge grond (Exodus 14:21-22).

Toen er geen drinkbaar water was, liet God water uit de rots stromen (Exodus 17:6). God veranderde ook bitter water in zoet water (Exodus 15:23-25). Toen er geen eten was, zond God manna en kwakkels om hen te voeden (Exodus hoofdstuk 14-17).

Zelfs wanneer zij getuigen waren van de kracht van de levende God, klaagden de Israëlieten elke keer tegen Mozes wanneer zij een moeilijkheid hadden.

En de Israëlieten zeiden tot hen, "Och dat wij door de hand des Heren in het land Egypte gestorven waren, toen wij bij de vleespotten zaten en volop brood aten; want gij hebt ons in de woestijn geleid om deze gehele gemeente van honger te doen omkomen" (Exodus 16:3).

En het volk dorstte daar naar water, het morde tegen Mozes en zeide: "Waarom toch hebt gij ons uit Egypte gevoerd, om mij, mijn kinderen en mijn kudde van dorst te doen omkomen?" (Exodus 17:3).

Gij morde in uw tenten en zeide: "omdat de Here ons haat, heeft Hij ons uit het land Egypte geleid om ons te brengen in de macht van de Amorieten en ons te verdelgen" (Deuteronomium 1:27).

Sommigen van hen probeerden zelfs Mozes te stenigen. Mozes moest bij deze mensen blijven gedurende veertig jaren, hen onderwijzen met de waarheid en hen leiden naar het land van Kanaän. Alleen al met dat feit, kunnen wij het niveau van zijn zachtmoedigheid voorstellen.

Dat is de reden waar God hem prees in Numeri 12:3, zeggende, *"Mozes nu was een zeer zachtmoedig man, meer dan enig mens op de aardbodem."* Maar het is niet dat Mozes zo'n zachtmoedigheid had vanaf het begin. Hij had het temperament om een Egyptenaar te vermoorden, die een Hebreeër aan het mishandelen was. Hij had ook een groot zelfvertrouwen omdat hij de prins van Egypte was geweest. Maar hij vernederde zichzelf en verlaagde zichzelf volledig terwijl hij op op de kudde paste in de woestijn van Midjan gedurende veertig jaren.

Vanwege zijn moord op een Egyptenaar, moest hij het paleis van de Farao verlaten en werd een vluchteling. Hij kwam uiteindelijk tot het besef dat hij niets vanuit zijn eigen kracht kon doen, terwijl hij in de wildernis leefde. Maar tijdens deze tijd van verfijning, werd hij zo'n zachtmoedig persoon, dat hij in staat was om iedereen te omarmen.

Verschil tussen vleselijke en geestelijke zachtmoedigheid

Normaal, zijn degenen die zachtmoedig zijn in vleselijk zin, stil en timide van karakter. Ze willen geen harde geluiden of knallende geluiden.

Dus, we kunnen zien dat ze soms wat besluiteloos zijn zelfs met leugens. Wanneer zij onaangename omstandigheden hebben, onderdrukken zij het binnen in zichzelf, maar ze lijden in hun hart. Wanneer een situatie het limiet van hun tolerantie te boven gaat, kunnen zij tot aller verbazing exploderen. Ook in hun plichten, ze hebben niet de passie om getrouw te zijn, dus in het einde dragen zij geen vrucht.

Op deze manier is het timide en introvert van karakter zijn niet de soort van zachtmoedigheid waar God behagen in heeft. Mensen denken misschien dat dit zachtmoedigheid is, maar in de ogen van God, die de harten doorzoekt, kan dit karakter niet erkend worden als zachtmoedigheid.

Maar degenen die geestelijke zachtmoedigheid van hart bereiken door de leugens van het hart te verwijderen, zullen overvloedig vruchten dragen in verschillende aspecten van evangelisatie en opwekking, net zoals goede grond een overvloedige oogst kan produceren.

Ook zullen zij geestelijk de vrucht van het Licht produceren (Efeziërs 5:9), vruchten van geestelijke liefde (1 Korintiërs hoofdstuk 13:4-7), en de vrucht van de Heilige Geest (Galaten 5:22-23). Op deze manier worden zij een geestelijk mens, dus ontvangen zij snel antwoorden op hun gebeden.

Bovenal, zijn degenen die geestelijk zachtmoedig zijn sterk en moedig in de waarheid. Wanneer zij moeten onderwijzen met de waarheid, kunnen zij hard zijn in onderwijs. Wanneer zij die zielen zien die zondigen voor God, kunnen zij ook de kracht en vrijmoedigheid hebben om te bestraffen en te corrigeren met liefde, wie het dan ook is.

Bijvoorbeeld, Jezus is de meest zachtmoedige van allen, maar over de dingen die niet recht waren overeenkomstig de waarheid, bestrafte Hij de mensen streng. Dat komt omdat Hij niet toestond dat de tempel van God werd verontreinigd.

En hij vond in de tempel, de verkopers van runderen en schapen en duiven, en de wisselaars, die daar zaten. En Hij maakte een zweep van touw en dreef allen uit de tempel, de schapen en de runderen; en het geld van de wisselaars wierp Hij op de grond en hun tafels keerde Hij om. En tot de duivenverkopers zei Hij: "Neemt dit alles hier vandaan, maakt het huis mijns Vaders niet tot een verkoophuis" (Johannes 2:14-16).

Hij bestrafte hard de Farizeeërs en de Schriftgeleerden, die de leugen onderwezen, die tegen het Woord van God waren (Matteüs 12:34; 23:13-35; Lucas 11:42-44).

Niveau van geestelijk zachtmoedigheid

Een ding dat we zouden moeten is dat er zachtmoedigheid is in geestelijke liefde van 1 Korintiërs hoofdstuk 13, en ook geestelijke zachtmoedigheid die onder de negen vruchten van de Heilige Geest zijn in Galaten hoofdstuk 5.

Hoe is het dan verschillend met de zachtmoedigheid in de Zaligspreking? Natuurlijk, zijn die drie dingen niet volkomen anders. De basis bedoeling is om zacht en mild te zijn terwijl u liefde en deugdzaamheid hebt. Maar de diepte en breedte is van elk anders.

Ten eerste, de zachtmoedigheid in geestelijke liefde is het belangrijkste basisniveau van zachtmoedigheid om liefde te bereiken. De zachtmoedigheid in de negen vruchten van de Heilige Geest heeft een bredere betekenis; het is zachtmoedigheid in elke zaak.

De zachtmoedigheid in de vruchten van de Geest is wat geboren is als vrucht in het hart, en wanneer deze vrucht met effect wordt geplaatst, en zegen brengt, dan is dat de zachtmoedigheid vanuit de Zaligspreking.

Bijvoorbeeld, kunnen we zeggen dat wanneer wij overvloedig goede vruchten dragen aan een mooie boom, wij het de "vrucht van de Heilige Geest," noemen, maar wanneer wij de vrucht nuttigen omdat het goed voor ons lichaam te zijn, is dat de vrucht van de Zaligspreking. Daarom, kunnen we zeggen dat de zachtmoedigheid in de Zaligspreking van een hoger niveau is.

Zegeningen gegeven aan de geestelijke zachtmoedigen

Zoals in Matteüs 5:5 staat, *"Zalig de zachtmoedigen, want zij zullen de aarde beërven,"* zullen wij wanneer wij geestelijke zachtmoedigheid hebben, de aarde beërven.

Hier, betekent de aarde beërven: niet dat wij het land op deze aarde zullen ontvangen, maar wij zullen het land in het eeuwige koninkrijk van de hemel bezitten (Psalm 37:29).

Een erfenis is de verwerving van een bezitting, toestand of karaktertrek van vroegere generaties. De eigenaar van een erfenis wordt gewoonlijk meer erkend door anderen dan dat van andere bezittingen die gekocht zijn met geld.

Bijvoorbeeld, wanneer een persoon een stuk land heeft, die door vele generaties is in de familie is overgegaan, dan weten alle buren dat reeds. De familie zal het als iets kostbaars bewaren en het verder geven aan hun kinderen. Daarom, betekent het beërven van de aarde, dat wij het zeker als ons land zullen ontvangen.

Wat is dan de reden dat God het land in het hemelse koninkrijk geeft aan degenen die geestelijke zachtmoedigheid hebben? Psalm 37:11 zegt, *"Maar de ootmoedigen beërven het land, en verlustigen zich in grote vrede."* Zoals gezegd, komt dat omdat degenen die zachtmoedig zijn deugdzaamheid hebben en vele mensen omarmen.

Hij die zachtmoedigheid heeft kan de fouten van anderen vergeven, hen begrijpen en omarmen, zodat vele mensen in hem rust kunnen vinden en kunnen genieten van de vrede in hem.

Wanneer een persoon het hart van velen wint, wordt het geestelijke autoriteit voor hem en zelfs in het hemelse koninkrijk, zal hij grote autoriteit ontvangen. Dus, zal hij natuurlijk groot land beërven.

Geestelijke autoriteit om het land in het Hemelse Koninkrijk te beërven

In deze wereld, kan iemand alleen autoriteit verkrijgen, wanneer hij weelde en roem heeft, maar in het hemelse koninkrijk, wordt geestelijke autoriteit gegeven aan degenen die zichzelf vernederen en anderen dienen.

> *Zo is het onder u niet. Maar wie onder u groot wil worden, zal uw dienaar zijn, en wie onder u de eerste wil zijn, zal uw slaaf zijn, gelijk de Zoon des mensen niet gekomen is om Zich te laten dienen, maar om te dienen en zijn leven te geven als losprijs voor velen* (Matteüs 20:26-28).

> *"Voorwaar, Ik zeg u, wanneer gij u niet bekeert en wordt als de kinderen, zult gij het koninkrijk der hemelen voorzeker niet binnengaan. Wie nu zichzelf gering zal achten als dit kind, die is de grootste in het Koninkrijk der hemelen"* (Matteüs 18:3-4).

Wanneer wij worden zoals de kinderen, zullen onze harten nederig mogelijk zijn. Zodat we het hart zullen winnen van vele mensen op deze aarde, en wij zullen degenen worden die groot in de hemel zijn.

Evenzo, omdat iemand het hart van vele mensen omarmt met geestelijke zachtmoedigheid, geeft God grote gebieden van land overeenkomstig om hem te laten genieten van zijn autoriteit voor eeuwig. Wanneer wij geen grote landen in de hemel verkrijgen, hoe kunnen er dan grote en perfecte huizen worden gebouwd?

Veronderstel dat we vele werken voor God hebben gedaan en veel materiaal ontvangen om ons huis in de hemel te bouwen, maar we hebben maar een klein stuk land, dan kunnen we niet zo'n groot huis bouwen.

Daarom zullen degenen die het Nieuwe Jeruzalem binnengaan, grote stukken van land gegeven worden, omdat zij geestelijke zachtmoedigheid volledig bereikt zullen hebben. Omdat hun stuk van land groot is, zullen hun huizen ook groot en mooi zijn.

Ook zal er voor elk huis, op de meest gepaste manier, zullen er natuurlijk mooie onderhouden tuinen, meren, valleien, en heuvels zijn. Er zullen ook andere faciliteiten zoals zwembaden, speelplaatsen, balzalen, etc. zijn. Dit is Gods zorg voor de eigenaar van het huis die degenen uitnodigt die Hij heeft omarmt en hen geholpen heeft om te groeien in geest, en zo samen banketten te hebben en voor eeuwig hun liefde te delen.

Zelfs vandaag, kijkt God ijverig naar degenen die zachtmoedig zijn. Het is om hen plichten te geven om zoveel zielen te omarmen en hen te leiden tot de waarheid, en om hen grote stukken land te geven als erfenis in het eeuwige koninkrijk van de hemel. Laat ons daarom ijverig heiligheid en zachtmoedigheid van hart verkrijgen, zodat we in staat zullen zijn om het grote land in het koninkrijk van de hemel te beërven.

Hoofdstuk 4
De vierde zegen

—— ⚜ ——

Zalig die hongeren en dorsten naar de gerechtigheid, want zij zullen verzadigd worden

Matteüs 5:6

"Zalig die hongeren en dorsten naar de gerechtigheid, want zij zullen verzadigd worden."

Een Koreaans gezegde gaat als volgt, "Iemand wordt een dief als hij drie dagen zonder eten is." Het vertelt ons de pijn van iemand die hongerig is. Zelfs de sterkste man kan niets als hij door honger bevangen is.

Het is niet gemakkelijk om een aantal goede maaltijden over te slaan en stel je dan eens voor als je voor een, twee of drie dagen niet kan eten.

Eerst voelt het of je hongerig bent, maar als er meer tijd verstrijkt, krijg je maagpijn, en je kan ook het koude zweet krijgen. Je zult pijn over het gehele lichaam krijgen en alle functies zullen verminderen. Jouw wens om te eten zal in deze situatie extreem worden. En als het zo doorgaat kan het je leven kosten.

Zelfs vandaag zijn er mensen die aan ernstig voedselgebrek lijden of in oorlog zijn, die giftige planten eten. Er zijn mensen die continue van dag tot dag leven met wat ze vinden in vuilnis bakken en in de afval belten.

Maar wat ondraaglijker dan honger is, is dorst. Het is algemeen bekend dat het menselijk lichaam uit 70% water bestaat. Als we maar 2% van het lichaamsvocht verliezen, krijgen we serieuze dorst. Als we 4% vocht verliezen wordt het lichaam al zwak, en kunnen we zelfs het bewustzijn verliezen. Als we 10% verliezen kunnen we sterven.

Water is een absoluut essentieel element voor het menselijk lichaam. Vanwege extreme dorst, kunnen sommige mensen die door de woestijn reizen, onder de bloedhete zon waanbeelden krijgen, denkende dat ze een oase zien, en zo hun leven verliezen.

Om op deze manier honger en dorst te hebben is een enorm pijnlijk iets, en het kan ons het leven benemen. Waarom dan zegt God dat gezegend zij, die hongeren en dorsten naar gerechtigheid?

Zij die hongeren en dorsten naar gerechtigheid

Rechtvaardigheid is het zelfstandige naamwoord van rechtvaardig zijn. De Merriam-Webster Online woordenboek beschrijft "rechtvaardig" als "handelen in overeenstemming met Goddelijke en morele wetgeving: vrij van schuld of zonde." Om ons heen kunnen we zelfs mensen zien die hun leven opofferen door de verkeerde manier van rechtvaardigheid tussen vrienden. Ze protesteren tegen de sociale onregelmatigheden, hun geloof volhardende dat dit geloof rechtvaardig is.

Maar Gods rechtvaardigheid is iets anders. Het betekent de wil van God te volgen en het Woord van God te praktiseren, welke goedheid en waarheid zelf is. Het refereert naar iedere stap die we maken totdat we geheel het beeld van God hersteld hebben en geheiligd worden.

Zij die hongeren en dorsten naar rechtvaardigheid zullen zich verheugen in de wet van de Here God en er dag en nacht op mediteren zoals geschreven staat in Psalm 1:1-2. Dat komt omdat het woord van God de wil van God bevat en welke soort daden rechtvaardige daden zijn.

Ook, net zoals de belijdenis van de Psalmist, zullen zij verlangen naar het woord van God en het dag en nacht nemen. Het is niet alleen om het als kennis te verzamelen, maar om het in hun leven toe te passen.

> *Mijn ogen smachten naar uw heil, en naar het woord uwer gerechtigheid* (Psalm 119:123).

> *Voor de morgenschemering roep ik om hulp, op Uw Woord hoop ik. Voor de nachtwaken beginnen, keren mijn ogen zich naar uw toezegging* (Psalm 119:147-148).

Als we waarlijk God liefhebben, zullen we ernstig verlangen naar Zijn Woord, zijnde hongerig en dorstig naar rechtvaardigheid. Het is omdat we begrijpen dat Gods enige Zoon Jezus, Die zonder vlek of zonde was het lijden en de schaamte van het kruis op Zich nam voor ons. Hij nam de schaamte en het lijden van het kruis op Zich om ons, die allen zondaars zijn, vrij te maken en eeuwig leven te geven.

Wanneer wij deze liefde van het kruis geloven, kunnen wij niets anders dan leven door het Woord van God. We zullen denken, 'Hoe kan ik deze liefde van de Heer terug betalen en God behagen? Hoe kan ik doen wat God wil? Net zoals een dorstig hert dat naar een stroom water zoekt, zullen we de rechtvaardigheid van God, die God wil, zoeken.

Daarom, zullen we ijverig gehoorzaam zijn als we het Woord van God horen, onze zonden afleggen, en de waarheid praktiseren.

Daden van hen die hongeren en dorsten naar gerechtigheid

Door de kracht van God werd ik genezen van zoveel ziekten die niet met medicijnen genezen werden. Toen ik God op deze manier ontmoette, verlangde ik naar het Woord van God die me nieuw leven gaf. Om meer te horen en meer te begrijpen, bezocht ik elke opwekkingsdienst en zocht God om dichter bij Hem te komen.

Ik heb lief wie mij liefhebben, wie mij ijverig zoeken, zullen mij vinden (Spreuken 8:17).

Toen ik de wil van God beter begreep betreffende het houden van zijn gehele Sabbat, het juiste geven van de tienden, en niet met lege handen voor God te verschijnen (Exodus 23:15), probeerde ik het Woord ijverig te praktiseren. En met mijn dankzegging aan God, Die mij genezen en gered had, was ik dorstig om Zijn Woord te praktiseren.

Toen het proces om de rechtvaardigheid van God te praktiseren kwam, realiseerde ik mij dat ik haat in mijn hart had. Toen dacht ik, "Wie ben ik dat ik de capaciteit heb iemand te haten?"

Ik had haat tegen hen die mijn gevoelens gekwetst hadden, toen ik zeven jaar op mijn ziekbed lag, maar toen ik de liefde van Jezus leerde kennen, Die gekruisigd was en Zijn bloed en water voor mij vergoten had, bad ik veel om van deze haat af te komen.

Roep tot Mij en Ik zal u antwoorden en u grote, ondoorgrondelijke dingen verkondigen, waarvan gij niet weet (Jeremia 33:3).

Terwijl ik bad en nadacht over iemands anders standpunt, kon ik zien waarom ze zo handelden in die situatie.

Als ik nadacht hoe hartverscheurend het voor hen moet zijn geweest om mij te zien in die hulpeloosheid, smolt alle haat in mij weg, en kwam er liefde voor elke persoon vanuit het diepst van mijn hart.

Ook hield ik de woorden van de Bijbel in gedachten, ons lerende dat er zekere dingen zijn die we moeten 'doen' 'niet doen,' 'houden,' en 'wegdoen.' Ik bracht ze in praktijk. Ik schreef elke zondige eigenschap die ik moest afwerpen in een notitie boek, en begon ze weg te doen door gebed en vasten. Toen ik er zeker van was dat ik ze afgelegd had, streepte ik het door met een rode pen. Het duurde drie jaren eer ik uiteindelijk alle zondige eigenschappen had weggestreept.

1 Johannes 3:9 zegt, *"Een ieder, die uit God geboren is, doet geen zonde; want het zaad (Gods) blijft in hem en hij kan niet zondigen, want hij is uit God geboren."* Wanneer we hongeren en dorsten naar gerechtigheid en het Woord van God

gehoorzamen en praktiseren, zal dit het bewijs zijn dat we tot God behoren.

Eet het vlees en drink het bloed van de Zoon des Mensen

Wat is het meest noodzakelijke voor hen die hongerig en dorstig zijn? Natuurlijk het voedsel om de maag te vullen en het drinken om de dorst te lessen. Dat zal zelfs waardevoller zijn dan de meest kostbare steen.

Twee handelaren betraden een tent in de woestijn. Zij begonnen langzaam aan op te scheppen over de juwelen die ze hadden. Een Arabische nomade die hen gadesloeg vertelde hen zijn verhaal.

De nomade hield erg veel van juwelen. En terwijl hij de woestijn doorkruiste, kreeg hij met en zandstorm te doen. Hij kon enkele dagen niet eten, en was uitgeput. Hij vond een tas en opende deze. Het was gevuld met parels waar hij zo dol op was.

Was hij echt blij deze parels te vinden die hij zo mooi vond? Niet echt, in plaats daarvan was hij erg wanhopig. Wat hij al die tijd het meest nodig had waren niet de parels, maar het voedsel en water. Wat zijn parels tot nut als je van de honger sterft?

Dit is hetzelfde als in de geest. In Johannes 6:55 zegt Jezus, *"Want mijn vlees is ware spijs en mijn bloed is ware drank."* Ook zei Hij in Johannes 6:53, *"Jezus dan zeide tot hen:*

Voorwaar, voorwaar, Ik zeg u, tenzij gij het vlees van de Zoon des mensen eet en zijn bloed drinkt, hebt gij geen leven in uzelf."

Namelijk dat we voor onze geest een geestelijk leven moeten verkrijgen en van de zegen kunnen genieten, gevuld te zijn door het vlees te eten en het bloed van Jezus te drinken.

Hier symboliseert het vlees van de Zoon des Mensen, het Woord van God wat geschreven staat in de zes en zestig boeken van de Bijbel. Het bloed van Jezus te drinken, is te bidden in geloof en het Woord te praktiseren, als we het eenmaal gelezen, gehoord en geleerd hebben.

Het proces van de groei van hen die hongerig en dorstig zijn naar gerechtigheid

1 Johannes hoofdstuk 2 geeft ons een gedetailleerde beschrijving van de groei van het geestelijk geloof en het behouden van het eeuwig leven, door het vlees te eten en het bloed te drinken van de Zoon des Mensen.

Ik schrijf u, kinderkens, want de zonden zijn u vergeven om zijns naams wil. Ik schrijf u, vaders, want gij kent Hem, die van den beginne is. Ik schrijf u, jongelingen, want gij hebt de boze overwonnen. Ik heb u geschreven, kinderen, want gij kent de Vader. Ik heb u geschreven, vaders, want gij kent Hem, die

> *van den beginne is. Ik heb u geschreven, jongelingen, want gij zijt sterk en het woord Gods blijft in u en gij hebt de boze overwonnen* (1 Johannes 2:12-14).

Wanneer een mens die God niet kent, Jezus Christus accepteert en de vergeving van zonden ontvangt, ontvangt hij de Heilige Geest en het recht een kind van God te worden. Dit betekent dat Hij gelijk is aan een pasgeboren baby.

Wanneer een baby opgroeit en een kind wordt, leert hij de wil van God meer en meer kennen, zoals een kind dat zijn ouders herkent, maar niet geheel het woord kan praktiseren. Het is net zoals kinderen die van hun ouders houden maar hun gedachten zijn niet diep en ze kunnen het hart van hun ouders niet geheel begrijpen.

Wanneer de tijd van het geestelijk kind zijn voorbij is, wordt deze een jong volwassene in geest, die zichzelf bewapend heeft met het Woord en gebed. Hij weet wat zonde is en leert de wil van God. Jonge volwassenen zijn energiek en hebben ook hun eigen en meestal sterke opinies. Dus, zijn ze geneigd om fouten te maken, maar hebben de overtuiging en de stuwing om hun doel te bereiken.

In de jong volwassenheid, houden ze van God en hebben ze een sterk geloof, waardoor ze niet de waardeloze dingen van de wereld najagen. Ze zijn vol van de Geest, en richten hun hoop in het Hemelse Koninkrijk, en luisteren naar het Woord.

Ze hebben de kracht en vrijmoedigheid om de beproevingen en verleidingen te weerstaan. Het woord van God woont in hen, zodat ze de vijand, duivel en de wereld kunnen overwinnen, en altijd de overwinning zullen behalen.

Als de tijd van hun jong volwassenheid voorbij is en ze als een vader worden, zullen ze volwassen worden. Door hun ervaringen, kunnen ze door alle aspecten heen het juiste oordeel maken in hun denken, in elke situatie. Zij moeten ook wijsheid vergaren om hun hoofd te verlagen van tijd tot tijd.

De mensen zeggen dat we het hart van de ouders kunnen begrijpen alleen nadat we eigenlijk geboorte aan kinderen hebben gegeven en hen opgevoed hebben. Gelijkerwijze, alleen als we geestelijke vaders worde,n kunnen we begrip voor de oorsprong van God opbrengen, zodat ze Zijn voorzienigheid kunnen begrijpen, en het geloof op een hoger niveau bereiken.

Een geestelijk vader is een geestelijk persoon die op het niveau is van de oorsprong van God en alle geheimen van de geestelijke wereld inclusief de schepping van de hemelen en aarde kent. Omdat hij het hart en de wil van God, kent, kan hij precies naar het hart van God handelen en daarvoor zal hij liefde en zegeningen van God ontvangen. Hij kan alle soorten zegeningen ontvangen inclusief gezondheid, faam, autoriteit, weelde, zegeningen van kinderen etc.

Zegen van geestelijk verzadigd zijn

Nadat we wederom geboren zijn als Gods kinderen, tot die hoogte dat we het ware voedsel en drinken nemen, kunnen we opgroeien in de Geest en in de geestelijke dimensie gaan. Als de diepte van de geestelijke dimensie dieper wordt, kunnen we gemakkelijker over de vijand, duivel en satan, heersen en zullen we in staat zijn het diepe hart van God de Vader te begrijpen. We zullen in staat zijn om duidelijk met God te communiceren, en in alle dingen door de Heilige Geest geleidt te worden, zodat we in alle dingen voorspoedig zullen zijn.

Het leven om te communiceren met God, door de volheid van de Heilige Geest is de zegen voor hen om verzadigd te zijn, wat gegeven is aan hen die hongerig en dorstig zijn aan rechtvaardigheid.

Zoals in Matteüs 5:6 geschreven staat, *"Zalig die hongeren en dorsten naar de gerechtigheid, want zij zullen verzadigd worden,"* hebben degenen die de zegen ontvangen om verzadigd te worden, geen enkele reden om testen en beproevingen tegen te komen.

Zelfs als er obstakels zijn, zal God ervoor zorgen deze te ontwijken door de leiding van de Heilige Geest. Zelfs als we moeilijkheden tegenkomen, laat God ons de wegen weten, hoe we eraan kunnen ontkomen. Zoals het goed gaat met de ziel, zo gaat alles goed met ons en zullen we gezond zijn, zodat onze lippen vol zullen zijn met getuigenissen.

Als we door de Heilige Geest op deze manier geleid worden, zullen we de kracht ontvangen om onze zonden en alle slechtheid gemakkelijk te herkennen, en deze af te werpen, zodat we naar de heiligheid kunnen rennen. In het proces van geheiligd worden in ons Christen leven is het niet altijd gemakkelijk om de dingen die klein en geen grote fouten te vinden.

In deze situatie wanneer de Heilige Geest Zijn licht op ons doet schijnen, kunnen we ons realiseren wat we moeten doen en bereiken. We kunnen dan op een hoger niveau van geloof komen.

Zo is het ook al hoewel we onwaarheden niet praktiseren, om zonde te doen, maar kan het zijn dat we ons niet realiseren, wat de weg in verschillende situaties is, die God meer behaagd. In die gevallen, als we ons realiseren wat het is dat God meer behaagd door het werk van de Heilige Geest en dat doen, zal onze ziel zelfs meer voorspoedig zijn.

Het belang van waar voedsel en drinken

Met een schuld van duizenden dollars waarde, was er een gelovige in grote nood. Maar toen, wou hij naar God gaan en aan Hem vasthouden. Gelovende dat het zijn laatste hoop was, begon hij te bidden en te luisteren naar het Woord van God met een verlangend hart.

Hij luisterde onderweg naar zijn werk naar cassettes met predikingen, en las minstens een hoofdstuk van de Bijbel, en memoriseerde elke dag een Bijbelvers. Toen werd hij elke moment van zijn dag aan het Woord van God herinnert en kon hij het volgen. Maar dat betekende niet dat de poort van zegeningen direct werd geopend. Toen hij ernstig Gods wil zocht en ijverig bad, groeide zijn geloof. Zijn ziel werd voorspoedig, en zegeningen daalden op zijn zaak. Weldra kon hij de honderd duizenden dollars aan schuld terug betalen. En zijn tienden nemen vandaag de dag nog steeds toe.

Gelijk zo is het wanneer we werkelijk hongeren en dorsten naar gerechtigheid, net zoals hen die hongerig en dorstig zijn naar voedsel en water, zullen we gerechtigheid verkrijgen. Als gevolg, zullen we de zegeningen van gezondheid en weelde ontvangen. We zullen de volheid en inspiratie van de Heilige Geest ontvangen en communiceren met God. We zullen in staat zijn het Koninkrijk van God tot in alles te verkrijgen.

'Hoe vaak denk ik aan God, en lees ik elke Zijn Woord en mediteer erop?'

'Hoe ijverig bid ik en probeer ik het Woord van God te praktiseren?'

Laten we onszelf op deze manier onderzoeken, en hongeren en dorsten naar de Heerlijkheid, totdat de Here terugkomt, zodat we de zegeningen zullen ontvangen geestelijk verzadigd te worden door God de Vader.

Dan zullen we in de gelegenheid zijn diep met God te kunnen communiceren en geleid worden op de weg van een voorspoedig leven, en wat belangrijker is dat we een glorieuze plaats bereiken in het Hemels Koninkrijk.

Hoofdstuk 5
De Vijfde zegen

Zalig de barmhartigen,
want hun zal barmhartigheid geschieden

Matteüs 5:7

*"Zalig de barmhartigen,
want hun zal barmhartigheid geschieden."*

Jean Valjean in Les Miserables was negentien jaar in de gevangenis alleen voor het stelen van een brood. Nadat hij vrij gelaten was, gaf een priester hem te eten en onderdak, maar hij stal een zilveren lampenstandaard van hem en maakte dat hij wegkwam. Hij werd gepakt en naar de priester gebracht door de politie.

De priester zei dat hij het aan Jean Valjean gegeven had om hem te redden. Toen hij Jean Valjean vroeg, "Waarom nam je het schoteltje niet?", maakte hij dat de detective aan niets twijfelde.

Door dit incident, leerde Jean Valjean ware liefde en vergeving kennen, en begon hij een nieuw leven te leiden. Maar detective Javert, begon hem te vervolgen en gaf hem gedurende zijn leven moeilijke tijden. Later, redde Valjean de detective van de dood toen hij bijna doodgeschoten werd. Hij zei, er zijn veel dingen die groots zijn zoals de zee, de aarde, de lucht, maar vergeving is iets dat grootser is.

Medelijden hebben met anderen

Als we anderen vergeven met compassie, kunnen we hun harten raken en kan er verandering van hart zijn. Wat is de betekenis van medelijden?

Het is de gesteldheid van het hart om anderen te vergeven en te bidden en advies met liefde aan die ander te geven, zelfs wanneer deze zonde begaat of ons direct een harde tijd bezorgt. Het is gelijk aan de goedheid die we kunnen vinden in de negen vruchten en gaven van de Heilige Geest in Galaten hoofdstuk 5, maar het gaat dieper dan dat.

Goedheid is het hart dat enkel goedheid volgt zonder enig kwaad te hebben en wat helder gezien wordt door het hart van Jezus, Die niet ruziede noch het uitschreeuwde.

> *Hij zal niet twisten of schreeuwen, en niemand zal op de pleinen zijn stem horen. Het geknakte riet zal Hij niet verbreken en de walmende vlas pit zal Hij niet uitdoven, voordat Hij het oordeel tot overwinning heeft gebracht* (Matteüs 12:19-20).

Het geknakte riet zal Hij niet verbreken, zelfs wanneer iemand slecht doet, zal de Heer hem niet onmiddellijk straffen, maar hem verdragen totdat hij redding ontvangt. Bijvoorbeeld, Jezus wist dat Judas Iskariot Hem later zou verkopen, maar hij adviseerde met liefde en trachtte hem verduidelijking te geven tot het einde.

Ook de walmende vlaspit zal Hij niet uitdoven betekent dat God niet onmiddellijk Zijn kinderen verlaat, zelfs indien zij niet in de waarheid leven. Zelfs hoewel wij zonden kunnen begaan, zullen wij niet perfect zijn, geeft God ons het inzicht door de Heilige Geest en verdraagt ons tot het einde zodat we door de waarheid kunnen veranderen.

'Genade' is begrijpen, vergeven, en anderen op de rechte weg leiden met het hart van de Heer, zelfs indien zij ons kwaad doen zonder reden. Het is niet aan ons om volgens eigen standpunt te denken ons eigen voordeel volgende, maar vanuit de denkwijze van de anderen te denken, zodat we hen kunnen begrijpen en hen genade kunnen tonen.

Jezus vergaf de overspelige vrouw

In Johannes, hoofdstuk 8, brachten de Farizeeën en Schriftgeleerden een vrouw voor Jezus, die op overspel betrapt was.

Om hem te testen, stelden ze Hem een vraag.

"In de wet heeft Mozes ons bevolen zulken te stenigen; Gij dan, wat zegt Gij?" (v. 5). Beeld je nu eens deze situatie in. De vrouw die overspel had gepleegd moet zeker getrild hebben van schaamte en angst voor de dood, vanwege haar zonde welke aan iedereen geopenbaard werd.

Deze Schriftgeleerden en Farizeeën vol van boze intenties namen in het geheel geen notitie van de vrouw die vol angst was. Zij waren eerder trots dat zij Jezus konden betrappen. Sommige van de mensen die de scene gadesloegen, hadden waarschijnlijk al enige stenen opgeraapt haar al reeds veroordelende volgens de wet.

Wat deed Jezus? Hij boog zich rustig neer en schreef met de vinger in het zand. Het was alsof Hij de zonden opschreef welke gewoon waren onder hen die daar aanwezig waren. Toen stond Hij op en zei *"Doch toen zij Hem bleven vragen, richtte Hij Zich op en zeide tot hen: Wie van u zonder zonde is, werpe het eerst een steen naar haar"* (v. 7).

De Joden werden aan hun zonden herinnert en voelden schaamte, en een voor een verlieten ze de plek. Uiteindelijk waren daar alleen Jezus en de vrouw. Jezus vergaf haar en zei, *"Ook Ik veroordeel u niet. Ga heen, zondig van nu af niet meer!"* (v. 11). Het moet onvergetelijk voor de vrouw zijn geweest voor de rest van haar leven. Ze kon waarschijnlijk vanaf die tijd geen zonde meer plegen.

Zo kan genade ook op verschillende wijze getoond worden, het kan onderverdeeld worden in de genade van vergeving, genade van straf en genade van redding.

Onbeperkte genade van redding

Degene die Jezus Christus hebben aangenomen als hun Redder hebben reeds grote genade van God ontvangen. Zonder de genade van God, kunnen wij niets anders dan in de hel vallen, mede door onze zonden en daar voor eeuwig lijden.

Maar Jezus vergoot Zijn bloed aan het kruis om de mensheid van hun zonden te verlossen, en wanneer wij het geloven kunnen wij vergeven worden zonder prijs en gered worden: dit is de genade van God.

Zelfs nu met het hart van de ouders, die zenuwachtig wachten op hun kinderen die het huis hebben verlaten, wacht God verlangend naar de talloze zielen om voort te komen op de weg van redding.

Ook zelfs, wanneer iemand de gevoelens van God zoveel

kwetst, als hij zich bekeert met een waarachtig hart en terugkeert, bestraft God hem niet, zeggende: "Waarom heb je Mij zo teleurgesteld? Waarom heb je zoveel zonden gedaan?" God omarmt hem juist met Zijn liefde.

> *"Komt toch en laat ons tezamen richten, zegt de HERE; al waren uw zonden als scharlaken, zij zullen wit worden als sneeuw; al waren zij rood als karmozijn, zij zullen worden als witte wol"* (Jesaja 1:18).

> *"Zover het oosten is van het westen, zover doet Hij onze overtredingen van ons"* (Psalm 103:12).

Wanneer er iemand is die vroeger iets verkeerd heeft gedaan, als hij zich bekeert en reeds teruggekeerd is, zullen degenen die genade hebben zijn zonden van het verleden niet herinneren, denkende: "Hij heeft zoveel grote ongerechtigheden gedaan." Zij zullen niet bij hem wegblijven of hem niet meer leuk vinden, maar zij zullen hem vergeven. Zij zullen hem bemoedigen om hem te helpen om het beter te doen.

Parabel van de vergeven dienaar en de tienduizend talenten

Op een dag vroeg Petrus aan Jezus over vergiving. *"Toen kwam Petrus bij Hem en zeide: Here, hoeveel maal zal mijn broeder tegen mij zondigen en moet ik hem vergeven? Tot zeven maal toe?"* (Matteüs 18:21). Petrus dacht dat hij echt edelmoedig was, om tot zeven keer te vergeven. Jezus antwoordde *"Ik zeg u, niet tot zevenmaal toe, maar tot zeventig maal zevenmaal"* (Matteüs 18:22).

Dit betekent niet dat we zeventig maal zeven keer namelijk 490 keer moeten vergeven. Zeven is het nummer van perfectie. 'Zeventig maal zeven' betekent dat we zonder limiet en perfect moeten vergeven. Dan, met een parabel onderwijst Jezus, over de genade van vergeving.

Een koning had vele dienaren. Een der dienaren was de koning tienduizend talenten schuldig, maar hij kon het niet terug betalen. Een talent was in die tijd 6,000 denarii. Dat is gelijk aan 6.000 dagen aan loon. Dat is ongeveer zestien jaar loon voor gewoon werk.

Veronderstel dat een dagloon van een gewoon werk 50.000 bedraagt, wat ongeveer 50 US dollars is. Dan is een talent net zoveel als 300,000,000 won oftewel om en nabij 300,000 US dollars. Tienduizend talenten is dan 3 trillion won of 3 billion US dollars. Waar zou een dienaar deze hoeveelheid geld krijgen?

De koning vertelde hem zijn vrouw en kinderen en alles wat hij had te verkopen om het terug te betalen. De dienaar viel op de grond en pleitte bij de koning zeggende, *"Heb geduld met mij en ik zal u alles betalen"* (v. 26). De koning kreeg medelijden en zette hem vrij en schold zijn schuld weg.

De dienaar die van zulk een grote hoeveelheid schuld vergeven was ontmoette een van de mede dienaren die hem 100 denarii schuldig was. Een denarius was de zilveren munt van het Romeinse Rijk en het was een dag loon voor het gewone werk. Als we ons een dag loon van 50.000 won voorstellen is de totale schuld die de slaaf schuldig was ongeveer 5 miljoen won, oftewel ongeveer 5,000 US dollars. Het is werkelijk een klein bedrag vergeleken met de tienduizend talenten.

Maar de dienaar die vergeven was van de schuld sloeg en schudde hem, zeggende, 'Betaal terug wat je me schuldig bent.' Zelfs toen deze man om medelijden vroeg, zette hij hem gevangen.

Toen de koning dit feit te weten kwam, was hij boos en zei, *"jij slechte slaaf, ik vergaf jou alle schuld omdat je bij me pleitte. Zou jij ook niet medelijden met je mede slaaf gehad moeten hebben, op dezelfde manier zoals ik medelijden met jou had?"* en hij zette hem in de gevangenis (Matteüs 18:32-33).

Zo is het ook met ons. Het is ons lot om de weg van de dood te gaan, maar vanwege de vergeving van de zonden zonder enige betaling door de liefde van Jezus Christus. Maar als wij de kleine fout van anderen niet vergeven en hen oordelen en veroordelen, hoe slecht is dit dan!

Heb een groot hart om anderen te vergeven

Zelfs wanneer wij wat verlies lijden vanwege anderen, zouden wij hen niet onaardig moeten vinden of hen mijden, maar hen begrijpen en omarmen. Op die manier, kunnen wij een groot hart hebben om vele mensen te omarmen.

Wanneer wij genade hebben, haten wij niemand of hebben enige slechte gevoelens tegen iemand. Zelfs wanneer de andere persoon iets doet wat verkeerd is in de ogen van God, beter dan hem eerst te straffen, zouden wij eerst in staat moeten zijn om advies te geven uit liefde.

Ook wanneer zij advies geven aan anderen, hebben sommige mensen onaangename gevoelens over wat anderen deden en kwetsen hun gevoelens terwijl ze advies geven. En zij zouden niet moeten denken, dat zij advies geven met liefde. Zelfs wanneer zij een woord van waarheid aanhalen, als zij het niet met liefde doen, kunnen zij geen werken van de Heilige Geest ontvangen. En dus, veranderen zij de harten van anderen niet.

Zelfs wanneer de leiders iets verkeerd doen aan hun ondergeschikten, zegt 1 Petrus 2:18 *"Gij, huisslaven, weest in alle vreze uw meesters onderdanig, niet alleen de goede en vriendelijke, maar ook de verkeerde."* Daarom moeten wij gehoorzamen en volgen met nederigheid en voor hen bidden met liefde.

Ook wanneer de ondergeschikte iets doet wat verkeerd is aan hun leiders, zouden de leiders hen niet onmiddellijk moeten bestraffen of hen moeten verlaten om de vrede niet te verbreken voor dat moment. Ze zouden in staat moeten zijn om het hen te onderwijzen met het woord om het hen op de juiste manier te laten begrijpen. Dat is ook een soort van genade.

Wanneer de leiders voor hun ondergeschikten zorgen met liefde en hen met goedheid leiden, kunnen zij oprecht staan. Ook, de leiders zullen een soort van beloning hebben, omdat zij de plicht deden om degenen te leiden en te beheren die hen waren toevertrouwd.

Ongeacht wat voor soort situatie wij tegenkomen, wij zouden in staat moeten zijn om het oogpunt van anderen te begrijpen. We moeten voor hen bidden, en hen advies geven met liefde, waarmee we zelfs ons eigen leven kunnen geven. Wanneer wij dit soort van liefde hebben, moeten we misschien degenen straffen die op de verkeerde gaan als dat noodzakelijk is, om hen te leiden tot de waarheid.

Genade in straf met liefde

Terwijl er genade in vergeving is, is er ook genade in straf. Dat is wanneer de genade wordt getoond in de vorm van straf overeenkomstig de situatie. Deze genade van straf, wordt niet gedaan met enige haat of veroordeling. Het is oorspronkelijk van liefde.

Want wie Hij liefheeft, tuchtigt de Here, en Hij kastijdt iedere zoon, die Hij aanneemt. Als tuchtiging hebt gij dit te dragen: God behandelt u als zonen. Want is er wel een zoon, die door zijn vader niet getuchtigd wordt? Blijft gij echter vrij van de tuchtiging, welke allen ondergaan hebben, dan zijt gij bastaards, en geen zonen (Hebreeën 12:6-8).

God houdt van Zijn kinderen, en dat is de reden waarom er soms straffen volgen. Op die manier, helpt God hen om zich af te keren van de zonden en te handelen overeenkomstig de waarheid.

Veronderstel dat uw kinderen iets hebben gestolen. Enkel omdat het liefde is om hun kinderen te corrigeren, zijn er waarschijnlijk niet veel ouders die hun kinderen zouden slaan, met een zweep als het de eerste overtreding is. Wanneer zij zich bekeren met tranen en vanuit het hart, zullen de ouders hen waarschijnlijk omarmen en zeggen, "Ik vergeef je deze keer. Doe dit nooit meer!"

Maar wanneer de kinderen zeggen dat het ze spijt en zij zullen het nooit meer doen, maar in de praktijk blijven zij dezelfde dingen herhalen, wat zullen de ouders dan doen?

Zij zouden hun best doen om hen te adviseren. Wanneer zij niet willen luisteren, is het hartverscheurend voor de ouders wanneer zij een zweep moeten gebruiken en hen ook moeten slaan, zodat ze het diep in hun hart kunnen bewaren. Omdat de ouders van hun kinderen houden, straffen zij hen, zodat zij zich kunnen omkeren voordat het echt de verkeerde kant opgaat.

Wanneer kinderen zondigen

Een dief die voor het gerecht stond vroeg de autoriteiten of hij zijn moeder mocht zien voor de rechtszaak. Toen hij zijn moeder ontmoette, riep hij het uit zeggende dat het allemaal haar schuld was dat hij een dief was geworden. Hij zei dat hij een dief werd, omdat zijn moeder hem niet strafte toen hij de eerste keer iets stal in zijn kinderjaren.

Wanneer er aan hen wordt gevraagd waarom zij hun kinderen niet straffen, zouden de meeste ouders zeggen, dat het komt omdat ze van hun kinderen houden. Maar Spreuken 13:24 zegt, *"Wie zijn roede spaart, haat zijn zoon; maar wie hem liefheeft, tuchtigt hem reeds vroeg."*

Wanneer we alleen maar denken aan onze eigen kinderen, "O, mijn lief kind", dan lijken zelfs de verkeerde dingen die zij doen, liefelijk. Vanwege dit soort van vleselijke affecties, maken vele mensen niet het onderscheid tussen goed en kwaad, en maken de verkeerde oordelen.

Ook, wanneer de kinderen voortdurend ongepast handelen, corrigeren ouders hen niet, maar zij aanvaarden het. Dan zal het gedrag van de kinderen toenemen in de verkeerde richting en verkeerd geleid worden.

Bijvoorbeeld in 1 Samuël hoofdstuk 2, zien we de twee zonen van de priester Eli, Hophni and Pinehas, die met vrouwen gaan liggen die gediend hebben in de opening van de tent der samenkomst. Maar Eli zei enkel tot hen, *"Dat gaat niet, mijn zonen. Het is geen goed gerucht, dat ik hoor: zij brengen het volk des HEREN tot overtreding"* (v. 24). De twee zonen bleven zondigen en ondergingen een ellendige dood.

Als de priester Eli hen streng had gestraft en hen soms had vermaand, wanneer dat nodig was, om de juiste weg te gaan als een priester, zouden zij niet tot zo'n mate op de verkeerde weg zijn gegaan. Zij bereikten een punt, waarbij zij niet terug konden keren omdat hun vader hen niet op de juiste wijze had opgevoed op de juiste weg.

Maar zelfs in dezelfde soort van straf, als er geen liefde in is, kunnen wij niet zeggen dat het genade is. Veronderstel dat een kind van een van uw buren iets van u heeft gestolen. Wat ga je dan doen?

Degenen die goedheid hebben zullen genade met hem hebben, en hem vergeven wanneer het kind om vergeving vraagt vanuit het hart. Maar degenen die geen goedheid hebben, zullen boos worden en hem uitschelden, of zelfs wanneer hij om vergeving vraagt, zullen zij nog steeds straf eisen. Of zij zullen het openbaren en aan veel mensen verspreiden, of ze zullen het voor een lange tijd herinneren en vooroordelen ontwikkelen tegen het kind.

Dit soort van straf komt uit haat, en is dus geen genade. Het kan de andere persoon niet veranderen. Wanneer wij straffen, moeten wij de persoon straffen met liefde, overwegende zijn standpunt en zijn toekomst, om zo een genadige bestraffing te geven.

Wanneer een gelovige broeder zondigt

Wanneer een gelovige broeder zondigt, zegt de Bijbel ons in detail hoe we daarmee om moeten gaan.

> *Indien uw broeder zondigt, ga heen, bestraf hem onder vier ogen. Indien hij naar u luistert, hebt gij uw broeder gewonnen. Indien hij niet luistert, neem dan nog een of twee met u mede, opdat op de verklaring van twee getuigen of van drie elke zaak vaststaat. Indien hij naar hen niet luistert, zeg het dan aan de gemeente. Indien hij naar de gemeente niet luistert, dan zij hij u als de heiden en de tollenaar* (Matteüs 18:15-17).

Wanneer een gelovige broeder zondigt, moeten we dit niet onder anderen verspreiden. Eerst moeten we persoonlijk met hem praten, zodat hij het kan nalaten.

Als hij niet luistert zullen we samen praten met hen die hoger in zijn groep staan zodat hij verandert. Als hij dan niet luistert naar de autoriteiten van de Kerk, zegt de Bijbel hem te beschouwen als een ongelovige. We moeten een persoon niet oordelen en veroordelen die een serieuze zonde begaat. Alleen wanneer we liefde en genade betonen kunnen we genade van God ontvangen.

De genade door goede werken

Het is een duidelijke zaak voor Gods kinderen om voor hen te zorgen die in nood zijn en hen medelijden te betonen. Wanneer broeders in geloof lijden, als we enkel zeggen dat het ons spijt en we doen niets, dan kunnen we niet zeggen genade te betonen. De genade in goede werken in Gods ogen is hetgeen we hebben, te delen met de broeders die in nood zijn.

Jacobus 2:15-16 zegt, *"Stel, dat een broeder of zuster gebrek heeft aan kleding en aan dagelijks voedsel, en iemand uwer zegt tot hen: Gaat heen in vrede, houdt u warm en eet goed, zonder hen echter van het nodige voor het lichaam te voorzien, wat baat dit?"*

Sommigen kunnen zeggen, "Ik wil je echt wel helpen maar ik heb echt niets wat ik hen geven kan." Maar welke ouders zouden toekijken terwijl hun kinderen sterven, enkel omdat ze in een financiële moeilijkheid zitten? Op dezelfde manier moeten wij ons uitstrekken naar onze broeders op een manier zoals we met onze eigen kinderen zouden doen.

Zij die gestraft worden vanwege hun zonden

Wanneer we genade tonen en de nooddruftige helpen, moeten we iets in gedachten houden. Het is niet zo dat we hen moeten helpen die in problemen zijn vanwege hun zonde tegen God,dit kan zelfs veroorzaken dat we zelf problemen krijgen. Als we genade en barmhartigheid betonen, moeten we iets in gedachten houden.

Gedurende de regering van Koning Jerobeam in het Koninkrijk van Israël, was er een profeet Jona genaamd. In het boek van Jona, zien we dat mensen in moeilijkheden kwamen, samen met de profeet Jona die God ongehoorzaam was.

Op een dag zei God tot Jona dat hij naar de stad Nineve moest gaan welke de hoofdstad was van een land dat vijandig tegen Israël was en de waarschuwing van God moest proclameren. Het was dat de stad Nineve vol zonden was en God zou het vernietigen.

Jona wist dat als de mensen van Nineve zich zouden bekeren nadat ze de waarschuwing van God gehoord zouden hebben, zij van die vernietiging zouden ontkomen. Hij kende het hart van God welke een oneindige genade in zich heeft en de liefde Zelfs is. Op die manier was het net alsof hij Assyrië hielp, welke vijandig tegen Israël was. Dus was Jona ongehoorzaam aan het Woord van God en ging aan boord op een boot naar Tarsis.

Zo stuurde God een grote storm, en de mensen op het schip gooiden alles wat ze hadden overboord en namen zo een groot verlies. Ze kwamen uiteindelijk te weten dat het vanwege Jona was die ongehoorzaam was aan God. Ze wisten dat de storm zou bedaren wanneer ze Jona in de zee zouden werpen zoals Jona had gezegd, maar ze hadden sympathie voor hem en konden het niet doen. Ze moesten echter het lijden met hem ondergaan totdat ze hem overboord gooiden.

De les in dit voorbeeld nemende is dat we wijs moet zijn in het tonen van ons medelijden. We moeten begrijpen dat als we hen helpen die in moeilijkheden zijn vanwege Gods straf, wij in diezelfde moeilijkheden zullen vallen.

Ook in een andere zaak, dat wanneer iemand gezond is en niet werkt omdat hij lui is, is het niet juist om zo iemand te helpen. Het is hetzelfde met hen die gewoon zijn om anderen om hulp vragen, hoewel ze ook kunnen werken.

Deze mensen te helpen maakt hen luier en minder capabel. Als wij zo genade van de Heer tonen, zullen de zegeningen op ons blokkeren.

Dus moeten we niet zomaar iedereen onvoorwaardelijk helpen die in moeilijkheden is. We dienen elke zaak te onderscheiden zodat we niet zelf moeilijkheden krijgen door anderen te helpen.

Toon genade aan ongelovigen

Een belangrijk ding hier is, dat we ons medelijden niet alleen aan onze gelovige broeders betonen, maar ook aan de ongelovigen.

De meeste mensen willen vriendschap hebben met hen die weelde en faam hebben, maar kijken neer en willen niet dicht bij hen zijn die in hun levenswandel falen. Ze zullen deze mensen een paar keer helpen vanwege de vroegere vriendschap maar dit zal niet doorgaan. Maar we zouden niet neer moeten kijken noch ook maar iemand verachten. We dienen anderen beter te achten dan onszelf en iedereen met liefde te behandelen.

Er zijn er die werkelijk medelijdende harten hebben, met oog voor andere mensen hun moeilijkheden. Er zijn mensen die zo nu en dan anderen helpen omdat ze de mens naar het oog aanzien. Maar God kijkt naar het innerlijk van de mens. Hij zegt dat het helpen met ware liefde genade is, en Hij zal hen zegenen die ware genade betonen.

Zegeningen voor hen die genadig zijn

Wat zijn de zegeningen die God geeft aan hen die genadig zijn? Matteüs 5:7 zegt, *"Zalig de barmhartigen, want hun zal barmhartigheid geschieden."*

Als wij anderen kunnen vergeven en genade betonen zelfs ook aan hen die ons moeilijke tijden bezorgen en ons schade berokkenen, dan zal God ons genade betonen en kansen geven om vergeven te worden ook als we per ongeluk schade aan anderen veroorzaken.

De Heer Zijn gebed zegt, *"En vergeef ons onze schulden, gelijk wij vergeven onze schuldenaren"* (Matteüs 6:12). We openen de weg om de genade van God te ontvangen door anderen te vergeven.

In de tijd van de eerste kerk was er een discipel Tabita genaamd (Handelingen 9:36-42). De gelovigen in Jeruzalem verspreidden zich over vele plaatsen vanwege de zware vervolgingen. En sommige van hen, vestigden zich in de havenstad, welke Joppa heette. Deze stad werd een van de centrums voor de Christenen, waar Tabita leefde. Zij hielp hen die arm en in nood waren. Maar op een dag werd ze ziek en stierf.

Zij die haar hulp hadden ontvangen stuurden mensen naar Petrus om hem te vragen haar op te wekken, tonende alle tunieken en kledingstukken die zij gewoon was te maken, pratende over alle goede dingen die zij deed, voor hen toen ze bij hen was.

Tenslotte ervoer zij het wonderbare werk van God door van de dood op te staan door het gebed van Petrus. Zij ontving de zegen van een langer leven door de genade van God.

Ook wanneer wij medelijden hebben met de armen en de zieken, dan geeft God ons de zegen van gezondheid en rijkdom.

Omdat ik zelf arm en ziek was en zo het einde niet kon zien, bracht dit mij moeilijke tijden in mijn jeugd. En door deze tijd, kwam het dat ik de moeilijkheden begreep van hen die dit ervaren.

Voor meer dan dertig jaren vanaf de tijd dat ik genezen werd van al mijn ziekten door de kracht van God, ben ik ziekte vrij zonder enige vorm van ziekte. Toch kan ik de liefdevolle sympathie niet verliezen die ik heb ten aanzien van hen die lijden van ziekte en armoede en hen die negeert en verlaten worden.

Dus, niet alleen voor het openen van deze kerk, maar ook na het openen van de kerk wilde ik een handreiking doen aan hen die in nood zijn. Ik dacht niet, "Ik zal helpen wanneer ik rijk ben." Ik hielp gewoon anderen of het nu om een groot of een klein bedrag ging.

God was blij met deze daad en Hij zegende me zoveel dat ik overvloedig kon offeren voor wereld missie en Gods Koninkrijk kon helpen bouwen. Als ik een genade zaad zaaide voor anderen, liet God me een overvloedige oogst maaien.

Als wij anderen genade betonen zal God ook onze ongerechtigheden vergeven. Hij zal ons zo vullen, dat het ons aan niets ontbreekt en Hij zal zwakheid in gezondheid veranderen. Dat is de genade die we van God kunnen ontvangen als we anderen genade betonen.

Johannes 13:34 zegt *"Een nieuw gebod geef Ik u, dat gij elkander liefhebt; gelijk Ik u liefgehad heb, dat gij ook elkander liefhebt. Hieraan zullen allen weten, dat gij discipelen van Mij zijt, indien gij liefde hebt onder elkander."* Laten we elkaar troost geven en tot velen met de aroma van genade leven, zodat we een overvloedig leven genieten, in de zegeningen van God.

Hoofdstuk 6
De zesde zegen

Zalig de reinen van hart, want zij zullen God zien

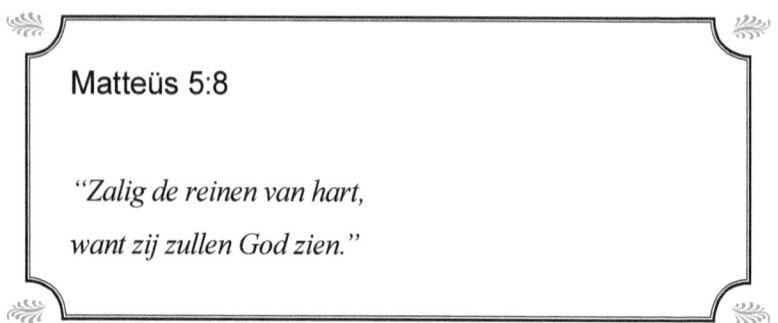

Matteüs 5:8

*"Zalig de reinen van hart,
want zij zullen God zien."*

"De eerste dingen die ik voelde toen ik op de maan landde, was de schepping van God en de glorieuze tegenwoordigheid van God."

Het is de verklaring gemaakt door James Irwin, die naar de maan ging met de Apollo 15, in 1971. Dit was een hele beroemde verklaring die vele mensen over de hele wereld heeft aangeraakt. Toen hij een lezing gaf in Hongarije, vroeg een student aan hem.

"Geen enkele astronaut van de Sovjet Unie heeft gezegd dat zij God in het heelal zagen, maar waarom zegt u dat u God in het heelal zag en prees u Zijn glorie?"

Het antwoord van Irwin was zo duidelijk voor iedereen, dat het onbetwistbaar was. "Degenen die rein van hart zijn, kunnen God zien!" Hij bleef gedurende 18 uren op de maan, en er wordt gezegd dat hij Psalm 8 opzei terwijl hij de aarde en het heelal zag dat God had geschapen.

"O Here, onze Here,
hoe heerlijk is uw naam op de ganse aarde,
Gij die Uw majesteit
toont aan de hemel....
Aanschouw ik uw hemel,
het werk van Uw vingers,
de maan en de sterren,
die Gij hebt bereidt...
O Here, onze Here,
hoe heerlijk is Uw naam op de ganse aarde."

De reine van hart voor God

De Merriam-Webster Online Woordenboek definieert "rein" als "ongemengd met niets anders, of vrij van stof, vuil of andere vlekken." In de Bijbel, betekent het dat we moeten handelen op heilige wijze, niet alleen aan de buitenkant met kennis en opvoeding, maar we moeten ook een heilig en geheiligd hart hebben.

In Matteüs 15, toen Jezus aan het bedienen was in Galilea, kwamen de Schriftgeleerden en Farizeeërs uit Jeruzalem.

De Schriftgeleerden en Farizeeërs waren degenen die als beroep de Wet aan de mensen onderwezen, en zij hielden zich strikt aan de Wet. Ze onderhielden ook de tradities van de oudsten, welke gedetailleerde gewoontes waren over hoe de wet te onderhouden. Deze tradities waren aan de generaties doorgegeven.

Omdat zij een groot deel van zelfbeheersing beoefenden en ascetisch leefden, dachten zij dat zij heilig waren. Maar hun harten waren gevuld met zonden. Toen zij aanstoot namen aan de woorden van Jezus, probeerden zij Hem te doden.

Een van de tradities van de oudsten gemaakt door de Schriftgeleerden en Farizeeërs zei dat het onrein was om te eten met ongewassen handen.

En zij zagen de discipelen van Jezus eten met ongewassen handen, en in afwijzing hierop stelden zij Jezus een vraag.

Zij vroegen Jezus, *"Waarom overtreden Uw discipelen de tradities van de oudsten?"* (v. 2). Toen zei Jezus, *"Niet wat de mond binnengaat, maakt de mens onrein, maar wat de mond uitkomt, dat maakt de mens onrein"* (v. 11).

> *Maar wat de mond uitgaat, komt uit het hart, en dat maakt de mens onrein. Want uit het hart komen boze overleggingen, moord, echtbreuk, hoererij, diefstal, leugenachtige getuigenissen, godslasteringen. Dat zijn de dingen, die een mens onrein maken, maar het eten met ongewassen handen maakt een mens niet onrein* (Matteüs 15:18-20).

Jezus bestrafte hen ook zeggende dat zij als witgewassen graven waren (Matteüs 23:27). In Israël hebben ze gebruikelijk een grot als graf. En de ingang van het graf was normaal witleem geschilderd.

Maar een graf is een plaats voor een lichaam, en ongeacht hoeveel het gedecoreerd is, binnen in is het toch vol van vergankelijkheid en stinkt het. Jezus vergeleek de Schriftgeleerden en Farizeeërs met de witgewassen graven omdat zij handelden alsof zij heilig waren, maar hun hart was gevuld met verschillende boosheden en zonden.

God wil van ons dat wij mooi zijn, niet alleen aan de buitenkant, maar ook in het hart. Dat is de reden waarom Hij zei, *"Het komt immers niet aan op wat de mens ziet, de mens ziet toch aan wat voor ogen is, maar de Here ziet het hart aan"* (1 Samuël 16:7) toen hij David, een herder, zalfde als de koning van Israël.

Hoe rein van hart ben ik?

Wanneer wij het evangelie prediken, zeggen sommige mensen, "Ik heb niemand pijn gedaan en heb een goed leven geleefd, dus ik kan naar de hemel gaan." Zij bedoelen dat zij naar de hemel kunnen gaan zelfs wanneer zij niet in Jezus Christus geloven, omdat zij goede harten hebben, en geen zonden doen.

Maar Romeinen 3:10 zegt, *"Niemand is rechtvaardig, ook niet een."* Ongeacht hoe rechtvaardig en goed iemand over zichzelf denkt, hij zal beseffen dat hij vele ongerechtigheden en zonden heeft wanneer hij zichzelf spiegelt aan het woord van God, de waarheid. Maar sommigen zeggen, dat zij geen zonden hebben, omdat zij anderen geen pijn doen en de wet niet overtreden.

Bijvoorbeeld, ondanks dat zij iemand haten, denken zij dat ze zonder zonden zijn, omdat ze geen zichtbare schade veroorzaken aan die persoon. Maar God zegt dat het hebben van een slecht denken in het hart, ook zonde is.

Hij zegt in 1 Johannes 3:15, *"Een ieder, die zijn broeder haat, is een mensenmoorder en gij weet, dat geen mensenmoorder eeuwig leven blijvend in zich heeft"* en in Matteüs 5:28, *"Maar Ik zeg u: Een ieder, die een vrouw aanziet om haar te begeren, heeft in zijn hart reeds echtbreuk met haar gepleegd."*

Ondanks dat het niet gezien wordt in daden, wanneer iemand haat, een overspelig denken, zelfverlangens, arrogantie, jaloezie, en boosheid heeft in zijn hart, is zijn hart niet rein.

Degenen die rein van hart zijn, zullen hun interesses niet plaatsen op nutteloze dingen, maar zullen strikt slechts te enige weg volgen, met een onveranderlijk hart.

De daden van Ruth, een vrouw met een rein hart

Ruth was een heidense vrouw, die weduwe werd op zeer jonge leeftijd, zonder enige kinderen te hebben. Zij wilde haar schoonmoeder niet verlaten, maar bleef bij haar zelfs in slechte tijden. Haar schoonmoeder had niemand waar ze op kon steunen, en toch om Ruth zelf zei ze dat Ruth terug moest keren naar haar familie. Maar Ruth kon haar schoonmoeder niet alleen laten.

> *Maar Ruth zeide, "Dring er bij mij niet op aan, dat ik u in de steek zou laten, door van u terug te keren; want waar gij zult heengaan, zal ik heengaan, en waar gij zult vernachten, zal ik vernachten: uw volk is mijn volk en uw God is mijn God; waar gij sterft, zal ik sterven, en daar zal ik begraven worden. Zo moge de Here mij doen, ja nog erger, voorwaar de dood alleen zal scheiding maken tussen mij en u"* (Ruth 1:16-17).

Deze belijdenis van Ruth bevat haar sterke wil en liefde met al haar leven in dienst van haar schoonmoeder. Haar schoonmoeders geboorteland was Israël, een plaats die onbekend was voor Ruth. Ze hadden daar geen huis of iets anders.

Maar ze dacht niet na over die omstandigheden, maar koos alleen om haar schoonmoeder te dienen die alleen was. Ruth heeft nooit spijt gehad van haar keuze en diende haar schoonmoeder met een onveranderlijk hart.

Omdat Ruth zo'n rein hart had, kon zij zichzelf opofferen met vreugde en onveranderlijk haar schoonmoeder dienen. Als gevolg, ontmoette zij een rijke man, genaamd Boaz, die een goede man was overeenkomstig de gewoonten van Israël, en zij hadden een gelukkig gezin. Ze werd de overgrootmoeder van koning David en haar naam werd zelfs in de genealogie van Jezus vernoemd.

Zegeningen voor de reinen van hart

Wat voor soort zegeningen zullen de reinen van hart ontvangen? Matteüs 5:8 zegt, *"Zalig de reinen van hart, want zij zullen God zien."*

Het is altijd iets vreugdevols om bij degenen te zijn die kostbaar zijn voor ons. God is de Vader van onze geest, en Hij houdt meer van ons dan wijzelf. Wanneer wij Hem kunnen zien van aangezicht tot aangezicht en aan Zijn zijde kunnen zijn, kan die gelukzaligheid met niets anders vergeleken worden.

Sommigen vragen misschien, "Hoe kan een mens God zien?" Richteren 13:22 zegt, *"En Manoach zeide tot zijn vrouw: Wij zullen zeker sterven, want wij hebben God gezien."*

Johannes 1:18 zegt, *"Niemand heeft ooit God gezien."* In vele plaatsen in de Bijbel, kunnen we terug zien dat er van mensen niet werd verondersteld dat zij God zouden zien, en wanneer zij dat wel zouden doen, zouden zij sterven.

Maar Exodus 33:11 zegt, *"En de Here sprak tot Mozes van aangezicht tot aangezicht, zoals iemand spreekt met zijn vriend."* Toen de Israëlieten de Berg Sinai bereikten na de Exodus, kwam God naar beneden, en zij konden niet naderen uit angst om te sterven, maar Mozes kon God zien (Exodus 20:18-19).

Verder, zegt Genesis 5:21-24 ons dat Henoch met God wandelde.

> *Toen Henoch vijfenzestig jaar geleefd had, verwekte hij Metuselach. En Henoch wandelde met God, nadat hij Metuselach verwekt had, driehonderd jaar, en hij verwekte zonen en dochteren. Zo waren al de dagen van Henoch driehonderd vijfenzestig jaar. En Henoch wandelde met God, en hij was niet meer, want God had hem opgenomen.*

Om met God te wandelen betekent niet dat God zelf naar beneden komt naar de aarde en met Henoch wandelde. Het betekent dat Henoch altijd met God communiceerde en God over alles in Henoch's leven heerste.

Een ding moeten wij weten dat "samen wandelen" hier en "samen zijn" volledig verschillend van elkaar zijn. "Samen met God zijn" betekent dat Hij ons bewaart met Zijn engelen.

Wanneer wij proberen te leven door het woord, beschermt God ons, maar Hij kan alleen met ons wandelen wanneer wij volkomen geheiligd worden. Daarom, door het feit te zien dat Henoch met God wandelde gedurende driehonderd jaar, kunnen wij zien hoe geliefd hij was door God.

Zegeningen van het zien van God

Wat is dan de reden dat sommige mensen God niet kunnen zien, terwijl anderen God van aangezicht tot aangezicht zien en zelfs met Hem wandelen?

3 Johannes 1:11 zegt, *"Geliefden, volgt het kwade niet na, maar het goede. Wie goed doet is uit God, maar wie kwaad doet, heeft God niet gezien."* Zoals gezegd, degenen die rein van hart zijn kunnen God zien, maar degenen wiens harten onrein zijn, met zonden kunnen God niet zien.

We kunnen het zien in het geval van Stefanus, die een martelaar werd terwijl hij het evangelie predikte, ten dage van de eerste gemeente. In Handelingen hoofdstuk 7, kunnen we zien dat Stefanus het evangelie van Jezus Christus had gepredikt en zelfs voor degenen bad die hem aan het stenigen waren. Het betekent dat hij tot die mate rein was en geen zonden in zijn hart had. Dat is de reden waarom hij de Here kon zien, Die stond aan de rechterhand van God.

Degenen die God kunnen zien, zijn rein van hart, en zij kunnen de betere verblijfplaatsen van de hemel binnen gaan, in het derde koninkrijk van de Hemel of hoger. Zij kunnen de Here en God van dichtbij zien en voor eeuwig van het geluk genieten.

Maar degenen die het Eerste koninkrijk of het Tweede Koninkrijk van de Hemel binnengaan, kunnen de Here niet van dichtbij zien, zelfs al zouden ze dat willen, omdat de geestelijke lichten die in hen stralen en de verblijfplaatsen totaal anders zijn overeenkomstig het niveau van heiliging.

Hoe rein te worden van hart

De heilige en volmaakte God wil dat wij ook perfect en heilig zijn, niet alleen in onze daden, maar ook in het hart door de zonden te verwerpen die diep in onze harten zijn. Dat is de reden waarom Hij zegt, *"Weest heilig, want Ik ben heilig"* (1 Petrus 1:16), *"Want dit wil God, uw heiliging, dat gij u onthoudt van de hoererij"* (1 Tessalonicenzen 4:3).

Wat moeten wij nu doen om een rein hart te hebben zoals God dat vereist van ons en heiligheid binnen in ons bereiken?

Degenen die normaal boos worden, moeten de boosheid verwerpen en zachtmoedig worden. Degenen die arrogant zijn, moeten de arrogantie verwerpen en zichzelf vernederen. Degenen die normaal anderen haten, moeten veranderen om zo in staat te zijn om zelfs hun vijanden lief te hebben. Eenvoudig gezegd, moeten wij alle soorten van zonden verwerpen en strijden tegen de zonden zelfs tot bloedens toe (Hebreeën 12:4).

Tot de mate dat wij alle zonden uit ons hart verwijderen, naar Gods woord luisteren, het uitoefenen, en onszelf met de waarheid vullen, kunnen we reine harten hebben. Het zou doelloos zijn als wij alleen maar naar het woord luisteren en het niet in de praktijk brengen. Veronderstel dat de kleding vies is, en we zeggen alleen maar, "O, ik moet ze wassen," maar we laten ze liggen.

Daarom, wanneer wij de vuile dingen in ons hart beseffen door naar het woord van God te luisteren, moeten wij ons best doen om ze te verwerpen. Natuurlijk, kan de reinheid van hart niet slechts met menselijke kracht en wilskracht worden bereikt. We kunnen dit begrijpen door de belijdenis van de Apostel Paulus.

"Want naar de inwendige mens verlustig ik mij in de wet Gods, maar in mijn leden zie ik een andere wet, die strijd voert tegen de wet van mijn verstand en mij tot krijgsgevangene maakt van de wet der zonde, die in mijn leden is. Ik ellendig mens! Wie zal mij verlossen uit het lichaam dezes doods?" (Romeinen 7:22-24).

Hier verwijst de "innerlijke mens" naar het oorspronkelijke hart dat door God gegeven is, welke het hart van waarheid is, verblijdend in de Wet van God en zoekende God. Aan de andere kant, is er het hart van leugen, dat verlangt om te zondigen, dus we kunnen de zonden niet alleen met onze eigen inzet verwerpen.

Bijvoorbeeld, wij kunnen dit zien in mensen die niet gemakkelijk kunnen stoppen met drinken en roken. Ze weten dat het roken van een sigaret en buitenmatig gebruik van alcohol schadelijk zijn, maar ze kunnen er niet mee stoppen. Ze maken voornemens voor het Nieuwe Jaar en proberen te stoppen, maar ze kunnen niet.

Ze weten dat het schadelijk is, maar omdat ze het eigenlijk lekker vinden, kunnen ze niet stoppen. Maar wanneer zij Gods kracht van boven ontvangen, kunnen zij in een keer stoppen.

Het is ook zo met de zonden en boosheid in onze harten. 1 Timoteüs 4:5 zegt, *"Want het wordt geheiligd door het woord Gods en door gebed."* Zoals gezegd, wanneer wij de waarheid beseffen door het woord van God, en Gods genade, kracht en de hulp van de Heilige Geest ontvangen door vurig gebed, kunnen wij ze verwerpen.

Wat wij nodig hebben om dat te doen, zijn onze pogingen en wilskracht om het woord van God uit te oefenen. We zouden niet zomaar moeten stoppen met het uitoefenen van het woord na enkele keren. Wanneer wij bidden, en soms vasten totdat wij uiteindelijk veranderen, dan kunnen we echt alle zonden verwerpen en reine harten hebben.

De reinen van hart ontvangen antwoorden en zegeningen

De zegeningen van degenen die rein van hart zijn, zijn niet alleen het zien van het beeld van Vader God. Het betekent dat zij de antwoorden van hun hartsverlangen kunnen ontvangen door gebed, en zij kunnen God ontmoeten en ervaren in hun leven.

Jeremia 29:12-13 zegt, *"Dan zult gij Mij aanroepen en heengaan en tot Mij bidden, en Ik zal naar u horen; dan zult gij Mij zoeken en vinden, wanneer gij naar Mij vraagt met uw ganse hart."* Zij zullen de antwoorden van God ontvangen door hun ernstige gebeden, zodat zij vele getuigenissen in hun leven hebben.

Maar soms, zien we nieuwe gelovigen die net Jezus Christus hebben aangenomen, en niet echt in de waarheid leven, maar toch antwoorden ontvangen op hun gebeden. Ondanks dat hun harten nog niet volkomen rein zijn, ontmoeten en ervaren zij de levende God.

Dit is net zoals wanneer kleine kinderen iets liefelijks doen, en de ouders hen geven wat ze willen. Ondanks dat ze nog geen reine harten hebben, tot de mate dat zij God behagen, binnen de mate van hun geloof, kunnen zij antwoorden ontvangen op hun verschillende gebeden.

Nadat ik God ontmoette, al mijn ziekten genezen werd, en mijn gezondheid zich volkomen herstelde, ging ik op zoek naar werk. Maar zelfs wanneer zij hele goede voorwaarden hadden, nam ik geen enkel aanbod aan, als ik de Dag van de Here niet kon heiligen, omdat ik zou moeten werken. Ik deed mijn best om het rechte pad te volgen, met een rein hart voor God.

God had behagen met dit soort van hart, en leidde mij om een kleine boekenwinkel te runnen. Het ging heel goed, en ik was van plan om naar een grotere plaats te verhuizen. Ik hoorde dat er een geschikte plaats was.

Toen ik daar heen ging, wilde de eigenaar van de winkel geen contract met mij tekenen omdat zijn zaak niet goed ging en mijn winkel wel. Ik moest het opgeven, maar toen begon ik te kijken vanuit zijn standpunt, ik had medelijden met hem, en bad dat hij gezegend zou worden vanuit het diepst van mijn hart.

Later, kwam ik er achter, dat er een grote boekenwinkel zou openen vlak voor die winkel. In die winkel had ik niet kunnen concurreren tegen zo'n grote winkel. God die alle dingen weet, laat alles medewerken ten goede en voorkwam dat het contract werd gemaakt.

Later, verhuisde ik naar een andere winkel. Ik aanvaardde geen enkele wanordelijke student. Op zondag, wanneer er de meeste klanten waren, was de winkel dicht om de dag van de Here te heiligen. In menselijke gedachten, kon de zaak in het geheel niet goed gaan. Maar in plaats daarvan nam het aantal klanten toe en de verkoop nam ook toe. Dus iedereen moest erkennen dat het de zegen van God was.

Overigens, als wij een Christelijk leven leiden, kunnen wij ook de gaven van het spreken in andere tongen of andere gaven van de Heilige Geest ontvangen. Dit is gedeeltelijk de zegen van "God zien."

Aan de een geloof door dezelfde Geest, en aan de ander gaven van genezingen door die ene Geest; aan de een werking van krachten, aan de ander profetie;

aan de ander onderscheiden van geesten, aan de ander allerlei tongen en aan weer een ander vertolking van tongen. Doch dit alles werkt een en dezelfde Geest, die een ieder in het bijzonder toedeelt, gelijk Hij wil (1 Korintiërs 12:9-11).

Wat we ons moeten herinneren is dat wanneer wij werkelijk God lief hebben, wij dan niet tevreden zouden moeten zijn met het geloof van een kind. We moeten proberen om ons best te doen om alle zonden van ons hart te verwerpen en snel geheiligd te worden, zodat we volwassen in geloof worden en het hart van God begrijpen.

2 Korintiërs 7:1 zegt, *"Daar wij nu deze beloften bezitten, geliefden, laten wij ons reinigen van alle bezoedeling des vlezes en des geestes, en zo onze heiligheid volmaken in de vreze Gods."* Zoals gezegd, laat ons alle besmettingen van het hart verwerpen en heiligheid in ons bereiken.

Ik hoop dat we voorspoedig zullen zijn in alle dingen en zullen ontvangen wat we ook maar vragen, net zoals een boom geplant aan het water niet uitdroogt, maar overvloedig vruchten draagt, ook al is het droog. Ik hoop ook dat we in staat zullen zijn om God van aangezicht tot aangezicht te zien in het eeuwige hemelse koninkrijk.

Hoofdstuk 7
De zevende zegen

Zalig de vredestichters, want zij zullen kinderen Gods genoemd worden

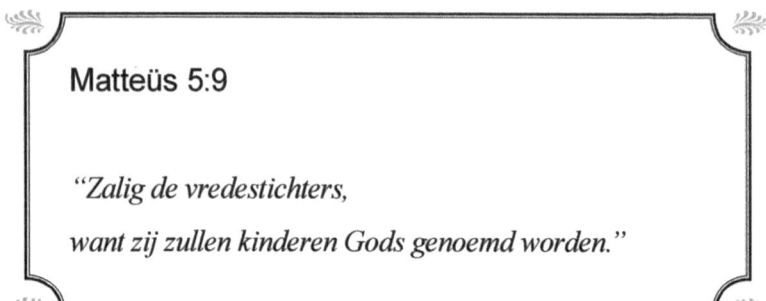

Matteüs 5:9

*"Zalig de vredestichters,
want zij zullen kinderen Gods genoemd worden."*

Wanneer twee landen een grens moeten delen, kunnen er conflicten of zelfs oorlogen ontstaan waar ieder vecht voor zijn eigen voordeel of gunstige omstandigheden. Maar er zijn twee landen die dezelfde grens delen, maar zij hebben gedurende een lange periode vrede. Dat zijn Argentinië en Chili.

Lang geleden, hadden ze een crisis, die hen bijna tot een oorlog bracht, vanwege conflicten rondom de grens. De religieuze leiders van beide landen hebben de mensen gesmeekt, zeggende dat liefde de enige manier was om vrede te bewaren tussen de twee landen. De mensen namen aan wat hen werd verteld en kozen voor vrede. Ze hielden een paal overeind met het Bijbelvers van Efeziërs 2:14, *"Want Hij is onze vrede, die de twee een heeft gemaakt, en de tussenmuur, die scheiding maakte, de vijandschap weggebroken heeft."*

Om vrede te hebben tussen landen is het hebben van een goede relatie tussen hen, en in hun persoonlijke relaties moeten zij zich aangenaam voelen met elkaar. De geestelijke betekenis van vrede met God is echter een beetje anders. Het is om onszelf op te offeren voor anderen en hen te dienen. Het is om onszelf te vernederen en anderen op te heffen. We gedragen ons niet ruw. Zelfs wanneer wij het juist hebben, kunnen we de meningen van anderen volgen, tenzij deze leugenachtig zijn.

Het is om ieders voordeel te zoeken. Het is niet het blijven volhouden bij onze persoonlijke meningen, maar die van anderen eerst te bekijken. Het is het volgen van de mening van anderen en geen partijdigheid te hebben, maar en wederzijdse overeenstemming te hebben van beide kanten bij een probleem of gegeven situatie. Om een vredestichter te zijn, moeten wij onszelf opofferen. Daarom is de geestelijke betekenis van vrede om onszelf te offeren, en zelfs ons leven te geven.

Jezus maakte vrede door Zichzelf te offeren

Toen God de eerste mens, Adam, schiep was hij een levende geest. Hij genoot van de autoriteit van heersen over alle dingen. Maar, toen de zonde in hem kwam door te eten van de verboden vrucht, werden Adam en al zijn nakomelingen zondaren. Nu was er een muur van zonden tussen mensen en God.

Zoals in Kolossenzen 1:21 staat, *"Ook u die eertijds vervreemd en vijandig gezind waart blijkens uw boze werken"* werden mensen vreemdelingen voor God door de zonden.

De mensheid werden zondaars vanaf de tijd van Adam, en Jezus, de Zoon van God, die als een verzoenoffer kwam voor ons. Hij stierf aan het kruis om de muur van zonden tussen God en mensen te vernietigen en vrede te maken.

Iemand vraagt misschien, "Waarom werd de gehele mensheid zondaars, alleen maar omdat Adam zondigde, omdat hij maar een persoon was?" Het is net zoiets als lang geleden toen er slaven waren. Wanneer je eenmaal een slaaf werd, werden al je nakomelingen als slaven geboren.

Romeinen 6:16 zegt, *"Weet gij niet, dat gij hem, in wiens dienst gij u stelt als slaven ter gehoorzaamheid, ook moet gehoorzamen als slaven, hetzij dan van de zonde tot de dood, hetzij van de gehoorzaamheid tot gerechtigheid?"* Omdat Adam de vijand de duivel gehoorzaamde en zondigde, werd iedereen na hem een zondaar.

Om vrede te brengen tussen God en de mensheid die zondaars werden, werd Jezus, zondeloos gekruisigd. Kolossenzen 1:20 zegt, *"En door Hem, vrede gemaakt hebbende door het bloed Zijns kruises, alle dingen weder met Zich te verzoenen, door Hem, hetzij wat op de aarde, hetzij wat in de hemelen is."* Jezus werd het verzoenoffer voor de vergeving van onze zonden en Hij bracht vrede tussen God en mensen.

Bent u een vredestichter?

Net zoals Jezus naar deze aarde kwam in het vlees en de Vredestichter werd, wil God dat wij vrede hebben met iedereen. Natuurlijk, wanneer wij in God geloven en de waarheid leren, zullen wij normaal niet opzettelijk de vrede verbreken. Maar zolang wij ons eigen rechtvaardige denken hebben dat wij het juist hebben, zullen wij onbewust de vrede verbreken.

We kunnen beseffen of we wel of niet dit soort van persoon zijn door te onderzoeken of we ons in alles aanpassen voor anderen, of anderen proberen om zich in alles voor ons te laten aanpassen. Bijvoorbeeld, tussen een man en een vrouw, veronderstel de vrouw houdt niet van zout eten, terwijl de man wel van zout eten houdt.

De vrouw zegt dat tegen haar man dat zout eten niet goed is voor de gezondheid, maar toch houdt hij nog steeds van zout eten. Dus, de vrouw begrijpt hem niet. Vanuit het standpunt van de man, hij kan net zo gemakkelijk zijn smaak veranderen.

Hier, als de vrouw blijft volhouden dat haar man haar advies opvolgt, omdat ze gelijk heeft, zullen er ruzies ontstaan. Daarom om vrede te hebben, zouden wij met de anderen rekening moeten houden moeten en hen helpen te begrijpen om beetje bij beetje veranderingen te maken voor het beste.

Evenzo, wanneer wij om ons heen kijken, kunnen wij gemakkelijk zien dat de vrede wordt verbroken vanwege zulke kleine dingen. Dat komt vanwege ons eigen gerechtigheid, denkende dat wij het juist hebben.

Daarom moeten wij onszelf onderzoeken, of wij ons eigen voordeel zoeken of het voordeel van anderen, of dat wij blijven vasthouden aan onze eigen meningen omdat wij het juist hebben en wij de waarheid spreken, ondanks dat we weten dat de andere persoon door moeilijke tijden gaat. We zouden ook moeten onderzoeken of we willen dat onze ondergeschikten ons onvoorwaardelijk gehoorzamen en ons zomaar volgen omdat we de senioren zijn.

Dan kunnen wij beseffen, of we echte vredestichters zijn. Over het algemeen, is gemakkelijk om vrede te hebben met degenen die vriendelijk tegen ons zijn. Maar God zegt ons om vrede te hebben met alle mensen en geheiligd te zijn.

Jaagt naar vrede met allen en naar de heiliging, zonder welke niemand de Here zal zien (Hebreeën 12:14).

We zouden in staat moeten zijn om vrede te hebben, zelfs met degenen die ons niet leuk vinden, ons haten, of ons moeilijkheden bezorgen. Ondanks dat het lijkt dat we absoluut gelijk hebben, wanneer de andere persoon een moeilijke tijd heeft, of zich ongemakkelijk voelt vanwege ons, is dat niet recht in de ogen van God. Hoe kunnen we dan vrede hebben met alle mensen?

Heb vrede met God

Ten eerste moeten we vrede hebben met God.

Jesaja 59:1-2 zegt, *"Zie de hand des Heren is niet te kort om te verlossen, en zijn oor niet te onmachtig om te horen; maar uw ongerechtigheden zijn het, die scheiding brengen tussen u en uw God, en uw zonden doen zijn aangezicht voor u verborgen zijn, zodat Hij niet hoort."* Wanneer wij zondigen, zal een muur van zonden ons blokkeren van God.

Daarom, om vrede te hebben met God, mag er geen muur van zonden zijn als gevolg van zonden tussen God en ons.

Wanneer wij Jezus Christus aannemen, worden wij van alle zonden vergeven die wij hebben gedaan tot op dat moment (Efeziërs 1:7). Vanwege dit, is de muur van zonden tussen God en ons vernietigd, en is de vrede bevestigd.

Maar we moeten in gedachten houden dat wanneer wij blijven zondigen, nadat onze zonden vergeven zijn, de muur van zonden opnieuw ontstaat.

We kunnen vanuit de Bijbel begrijpen dat vele soorten van problemen worden veroorzaakt door zonden. Toen Jezus de verlamde man genas in Matteüs hoofdstuk 9, vergaf Hij eerst zijn zonden. Nadat Hij een man genas die 38 jaar ziek was geweest, zei Hij in Johannes 5:14, *"Zie, gij zijt gezond geworden; zondig niet meer, opdat u niet iets ergers overkome."*

Daarom wanneer wij ons bekeren van onze zonden, ons omkeren en leven door het Woord van God, kunnen we vrede met God hebben. Dan kunnen we ook zegeningen ontvangen als Zijn kinderen. Wanneer wij een ziekte hebben, zullen we worden genezen en gezond gemaakt worden, wanneer wij financiële problemen hebben, zullen de problemen weggaan, en zullen wij rijk worden. Op die manier, ontvangen wij antwoorden op ons hartsverlangen.

Heb vrede met uzelf

Zolang wij haat, na-ijver, jaloezie en andere soorten van zonden hebben, zullen zij opgeruid worden overeenkomstig de situatie. Dan, zullen we daardoor lijden en kunnen wij geen vrede hebben.

Er is een Koreaans spreekwoord dat het volgende zegt,

"Wanneer uw neef land koopt, krijgt u maagpijn." Dit is een uitdrukking van na-ijver. Iemand kan lijden door na-ijver, niet houdend van de situatie waarbij anderen het beter hebben. Evenzo, zolang wij na-ijver, jaloezie, arrogantie, ruzies, overspelig denken en andere vormen van zonden in ons hart hebben, kunnen wij geen vrede hebben. De Heilige Geest in ons zal ook kreunen, dus ons hart zal pijn doen.

Daarom, om vrede met onszelf te hebben, moeten wij de zonden verwerpen uit ons hart en de verlangens van de Heilige Geest volgen.

Wanneer wij Jezus Christus aannemen en vrede met God hebben, zendt God de gave van de Heilige Geest in ons hart (Handelingen 2:38).

De Heilige Geest, het hart van God, laat ons God noemen, "Vader." Hij overtuigt ons ook van zonde, gerechtigheid en oordeel. Gods kinderen kunnen leven door het woord van God door de leiding van de Heilige Geest.

Wanneer wij het woord van God uitoefenen, en de verlangens van de Heilige Geest volgen met deze hulp van de Heilige Geest, verheugt Hij Zich in ons hart. Dus we kunnen troost in het hart hebben en we kunnen vrede met onszelf hebben.

Bovendien, tot de mate dat wij de zonde volledig uit ons hart verwerpen, hebben we geen strijd meer tegen de zonden dus kunnen wij volkomen vrede met onszelf hebben. Enkel nadat wij vrede met onszelf hebben, kunnen wij ook vrede hebben met anderen.

Heb vrede onder de mensen

Soms kunnen we mensen zien die vuur en passie hebben voor hun God-gegeven plichten. Ze hebben God lief en wijden zichzelf toe, maar ze hebben geen vrede met andere broeders in het geloof. Wanneer zij denken dat het voordelig is voor het koninkrijk van God, luisteren zij niet naar de meningen van anderen, maar gaan gewoon gepassioneerd verder met hun werk. Dan zullen sommige anderen ongemakkelijk worden en gevoelens van verzet tegen hen voelen.

In die situatie, zullen degenen die geen vrede met anderen hebben, denken dat zij de prijs moeten betalen om iets goeds voort te brengen in het koninkrijk van God. Het maakt hen niet veel uit of er sommige mensen zijn die tegenovergestelde meningen hebben van hen of dat zij onaangename gevoelens hebben veroorzaakt bij anderen.

Maar degenen met goedheid zullen kijken naar het hart van iedereen, zodat zij de vrede kunnen volgen en anderen kunnen omarmen. Dus, vele mensen kunnen tot hen komen.

Goedheid is het hart van waarheid dat goedheid volgt in waarheid. Het is om vriendelijk en vrijgevig te zijn. Het is ook om anderen hoger te achten dan onszelf en voor anderen te zorgen (Filippenzen 2:3-5).

Matteüs 12:19-20 zegt, *"Hij zal niet twisten of schreeuwen, en niemand zal op de pleinen zijn stem horen. Het geknakte riet zal Hij niet verbreken en de walmende vlas pit zal Hij niet uitdoven, voordat Hij het oordeel tot overwinning heeft gebracht."*

Wanneer wij dit soort van goedheid hebben, zullen wij geen ruzie hebben met anderen. We zullen niet proberen te roemen of verhoogt te worden. We zullen liefhebben zelfs degenen die zo zwak zijn als een gebroken riet of zo slecht als een walmende vlaspit. We zullen hen omarmen, het beste hopende voor hen.

Bijvoorbeeld, veronderstel de eerste zoon koopt een heel goed geschenk voor zijn ouders, uit liefde voor hen. Maar wanneer hij zijn broeders bekritiseert omdat zij niet hetzelfde doen, hoe zullen zijn ouders zich dan voelen? Waarschijnlijk, zullen zij willen dat hun kinderen vrede en liefde hebben, eerder dan dat zij dure en goede geschenken ontvangen.

Op gelijke wijze, wil God liever dat wij Zijn hart begrijpen en op Zijn hart gelijken dan Zijn koninkrijk groter te maken. Tenzij het volkomen leugenachtig is, zouden wij het zwakke geloof van anderen moeten zien om de vrede te volgen.

Sinds ik voorganger ben van deze gemeente, heb ik geen onaangename gevoelens gehad tegen die voorgangers of werkers die geen gepaste vruchten voortbrachten. Ik keek naar hen met geloof en met volharding totdat zij meer kracht van God ontvingen en hun plichten goed vervulden.

Als ik blijf vasthouden aan mijn standpunt, zou ik ze misschien het volgende advies hebben gegeven, "Waarom doe je geen ander werk, ontvang volgend jaar meer kracht, en kom dan later terug naar dit werk."

Maar met vrees dat sommigen de moed zouden verliezen, heb ik dat niet gedaan. Wanneer wij goedheid hebben, verbreken wij het geknakte riet niet of blazen de walmende vlaspit uit, we kunnen vrede hebben met alle mensen.

Vrede door ons offer

Johannes 12:24 zegt, *"Voorwaar, voorwaar, Ik zeg u, indien de graankorrel niet in de aarde valt en sterft, blijft zij op zichzelf; maar indien zij sterft, brengt zij veel vrucht voort."* Zoals gezegd, wanneer wij onszelf volkomen offeren in elke gebied, kunnen wij vrede hebben en overvloedige vrucht. Namelijk, wanneer het zaad in de grond valt en sterft, kan het uitspruiten en veel vrucht dragen.

Wat deed Jezus? Hij offerde Zichzelf volledig. Hij werd voor de mensheid die allen zondaren zijn gekruisigd. Hij opende de weg tot redding en verkreeg opnieuw vele kinderen van God.

Evenzo, wanneer wij eerst offeren, wanneer wij anderen in elk gebied dienen of het nu in het gezin, op het werk of in de kerk is, dan kunnen we de mooie vrucht van vrede hebben.

Iedereen heeft andere maten van geloof (Romeinen 12:3). Eenieder heeft verschillende meningen en ideeën. Het niveau van opvoeding, het karakter en de omstandigheden waarin zij werden opgegroeid zijn allen verschillend, dus iedereen heeft andere standaards van wat hij leuk vindt en wat hij denkt dat goed is.

Iedereen heeft een ander standaard, en dus, als iedereen blijft bij datgene wat hij wil, kunnen wij nooit vrede hebben. Zelfs wanneer wij gelijk hebben, en zelfs wanneer wij ons ongemakkelijk voelen vanwege anderen, kunnen wij onszelf offeren om vrede te hebben.

Veronderstel twee zusters die een volkomen andere levensstijl hebben een kamer moeten delen.
De oudste vindt het fijn als alles netjes is, maar de jongste is helemaal niet zo. De oudste vraagt de jongste om te veranderen. Wanneer de jongere zuster een paar keer niet luistert, wordt de oudste geïrriteerd. Ze zal het uiteindelijk ook aan de buitenkant laten zien. uiteindelijk zullen ze ruzie hebben.
Hier is het duidelijk beter om een schone kamer te hebben, maar wanneer wij boos worden of anderen aanstoot geven door onze woorden, is dat niet goed. Zelfs al is het onaangenaam, zouden wij toch met liefde moeten wachten op die persoon totdat hij veranderd om vrede te hebben.

Er was een man genaamd Minson. Hij verloor zijn moeder op jonge leeftijd. Hij had een stiefmoeder. Zijn stiefmoeder had twee jongere zonen.

Ze mishandelde Minson, ze gaf het goede eten en goede kleren alleen aan haar eigen zonen. Minson rilde in de winter van de kou, terwijl hij kleren droeg die gemaakt waren van riet.
Op een koude winterdag, terwijl Minson de kar aan het

duwen was, die zijn vader trok, rilde hij zo erg dat de rillingen door de kar gingen. Zijn vader raakte uiteindelijk de kleren van zijn zoon aan en besefte dat hij geweven kleding droeg. "Hoe kan ze dit doen?" Hij was woedend, en hij stond op het punt zijn nieuwe vrouw buiten te zetten. Maar toen smeekte Minson zijn vader om dat niet te doen. "Vader, wees alstublieft niet boos. Wanneer hun moeder hier is, zal slechts een zoon lijden, maar wanneer u haar buitenzet, zullen alle drie de zonen lijden."

De stiefmoeder werd aangeraakt door wat hij zei. Zij bekeerde zich met tranen van de verkeerde dingen en ze werden daarna een vredevol gezin.

Evenzo, degenen die zachtmoedig zijn als katoen en geen ruzie maken of problemen hebben met anderen, zullen overal welkom en geliefd zijn. Zulke mensen zijn vredestichters. Ze kunnen zichzelf offeren voor anderen zelfs terwijl ze hun eigen leven geven.

Abraham de vredestichter

De meeste mensen willen vrede in hun leven, maar ze willen er niet echt iets voor doen. Dat komt omdat zij hun eigen voordeel zoeken en voortgang.

Wanneer wij niet voor onszelf zoeken, lijkt het er misschien op dat we verlies lijden, maar met de ogen van geloof, is dat niet waar. Wanneer wij de wil van God volgen om het voordeel van anderen te zoeken, zal God ons terugbetalen met Zijn antwoorden en zegeningen.

In Genesis hoofdstuk 13, zien we Abraham en zijn neef Lot. Lot verloor zijn vader op jonge leeftijd in zijn leven en volgde Abraham als zijn eigen vader. Als gevolg, ontving hij ook de zegeningen toen Abraham geliefd en gezegend werd door God. Hun bezittingen waren aanzienlijk vermogend. Niet alleen zilver en goud, maar ze hadden ook veel vee. Dus het water was niet genoeg, en de herders van de twee zijden maakten ruzie.

Uiteindelijk om ruzie tussen de families te voorkomen, besloot Abraham de verblijfplaats te scheiden. In die tijd, had Abraham het recht op de eerste keuze om het beste land te kiezen.

Ligt het gehele land niet voor u open? Scheid u toch van mij af, hetzij naar links, dan ga ik naar rechts, hetzij naar rechts dan ga ik naar links (Genesis 13:9).

Dus Lot nam de vallei van de Jordaan, want het had veel water. Vanuit het standpunt van Abraham, was Lot gezegend vanwege hem, en in de lijn van de familie, was hij de oom en Lot was de neef, dus hij had eerst het beste land kunnen nemen. Ook wanneer Abraham het recht van de eerste keuze alleen maar aan Lot had gegeven als een daad, zou hij gedacht hebben dat het ongepast was van Lot om zo te handelen.

Maar vanuit het diepst van zijn hart, wilde Abraham dat Lot het betere land zou nemen. Daarom kon hij vrede hebben met Lot en als gevolg, ontving hij nog grotere zegeningen van God.

> *En de Here zeide tot Abram, nadat Lot zich van hem gescheiden had: "sla toch uw ogen op, en zie van de plaats, waar gij zijt, naar het noorden, zuiden, oosten en westen, want het gehele land, dat gij ziet, zal Ik u en uw nageslacht voor altoos geven. En Ik zal uw nageslacht maken als het stof der aarde, zodat, indien iemand het stof der aarde zou kunnen tellen, ook uw nageslacht te tellen zou zijn. Sta op, doorwandel het land in zijn lengte en breedte, want u zal Ik het geven"* (Genesis 13:14-17).

Sindsdien, werden Abrahams rijkdom en autoriteit zo groot dat hij zelfs gerespecteerd werd door koningen om hem heen. Met zijn goede hart, kon hij zelfs een "vriend van God" worden genoemd.

Hij die het voordeel van anderen zoekt in alle dingen, zal de dingen doen die anderen willen, niet was hij zelf wilt. Wanneer hij op de rechterwang wordt geslagen, keert hij zijn linkerwang toe. Hij kan zijn hemd en ook zijn mantel geven aan iemand die hem daar om vraagt, en hij kan twee mijl gaan met degenen die hem dwingen om een mijl met hem te gaan (Matteüs 5:39-41).

Net zoals Jezus ook bad voor degenen die Hem kruisigden,

kan hij ook voor zijn vijanden bidden en voor hun zegeningen. Hij kan bidden voor degenen die hem vervolgen. Wanneer wij onszelf offeren vanuit het diepst van ons hart en het voordeel van anderen zoeken, kunnen wij vrede hebben.

Vrede alleen in waarheid

We moeten voor een ding voorzichtig zijn en dat is dat er een verschil is tussen geduld en de zonden van anderen bedekken om vrede te hebben, en iets geringschattend negeren. Vrede hebben betekent niet dat we zomaar mijden of een compromis sluiten met een persoon wanneer een broeder zondigt. We moeten vrede hebben met iedereen, maar we moeten vrede hebben binnen de waarheid.

Bijvoorbeeld, we kunnen gevraagd worden om ons neer te buigen voor afgoden door familieleden of collega's op het werk. Ze kunnen ons vragen om alcohol te drinken. Dit is tegen het woord van God (Exodus 20:4-5, Efeziërs 5:18), dus we moeten het weigeren en de weg kiezen die God welgevallig is.

Maar wanneer wij dat doen, moeten wij wijs zijn. We zouden de gevoelens van anderen niet moeten kwetsen. We moeten altijd vriendelijk tegen hen zijn. We moeten hun harten winnen met onze getrouwheid. We kunnen ze dan overtuigen met een vriendelijk hart en om hun begrip vragen.

Dit is een getuigenis van een van de zusters van onze

gemeente. Nadat zij in dienstbetrekking kwam, kreeg ze een tijdje problemen met haar collega's. Ze wilden dat zij ook naar de uitjes kwam en andere bijeenkomsten op zondag, maar zij wilde de Dag van de Here heiligen.

Dus haar collega's en seniores lieten haar opzettelijk er buiten. Maar het maakte haar niet uit en ze bleef getrouw werken, ze deed zelfs vrijwillig boodschappen voor andere werknemers. toen ze zagen dat ze deze soort van geur van Christus verspreidde, werden zij door haar aangeraakt. Nu hebben ze op andere dagen bijeenkomsten, en ze doen zelfs hun huwelijken nu op zaterdag en niet op zondag.

De zegen om zonen Gods te worden genoemd

Matteüs 5:9 zegt, *"Zalig de vredestichters, want zij zullen kinderen Gods genoemd worden."* Hoe groot is de zegen om een zoon van God te worden genoemd?

Hier verwijst "zonen" niet alleen naar mannen, maar naar alle kinderen van God. Maar er is een klein verschil van de "zonen" in Galaten 3:26 wat zegt, *"Want gij zijt allen zonen, door het geloof in Christus Jezus."* In Galaten zijn het alleen de zonen die gered zijn. Maar de "zonen van God" voor vredestichters heeft een diepere geestelijke betekenis. Namelijk, het zijn de ware kinderen van God, die God Zelf erkend.

Allen die Jezus Christus hebben aangenomen en geloof

hebben zijn kinderen van God. Johannes 1:12 zegt, *"Doch allen die Hem aangenomen hebben, hun heeft Hij macht gegeven om kinderen Gods te worden, hun die in Zijn naam geloven."* Maar zelfs wanneer we al gered zijn en Gods kinderen worden, is niet iedere gelovige hetzelfde.

Bijvoorbeeld, onder vele kinderen, zijn er sommigen die de harten van de ouders begrijpen en troost geven, terwijl anderen alleen maar een moeilijke tijd aan hun ouders bezorgen.

Evenzo, zelfs van Gods standpunt, verwerpen sommige kinderen gemakkelijk zonden uit hun hart en gehoorzamen het woord, terwijl andere kinderen niet veranderen, zelfs niet na een lange periode. Ze blijven ongehoorzaam.

Welke kinderen zal God beter achten? Het is duidelijk dat het degenen zijn die op de Here gelijken, reine harten hebben en het woord van God gehoorzamen. Dus Genesis 17:1 zegt, *"Ik ben God, de Almachtige, wandel voor Mijn aangezicht, en wees onberispelijk."* God wil dat Zijn kinderen vlekkeloos zijn en volmaakt.

Voor ons om zonen van God te worden genoemd, moeten we gelijken op het beeld van Jezus onze Redder (Romeinen 8:29). Jezus, de Zoon van God, werd de Vredestichter door Zichzelf te offeren zelfs tot Zijn kruisiging.

Evenzo, wanneer wij gelijken op Jezus in het offeren van onszelf en het najagen van vrede, kunnen wij zonen van God worden genoemd. We kunnen ook genieten van de geestelijke autoriteit en kracht waar Jezus van genoot (Matteüs 10:1).

Net zoals Jezus vele ziekten genas, demonen uitdreef, en de doden opwekte, wanneer wij zonen van God worden genoemd, dan kunnen wij ook ongeneselijke ziekten zoals kanker, AIDS en leukemie genezen.

Bovendien, zelfs de lammen, de blinden, de doden en de stommen en degenen die kinderverlamming hebben kunnen genezen worden. Hun ogen kunnen gaan zien, en ze kunnen gaan wandelen en zelfs de doden worden opgewekt.

De vijand de duivel zal vrezen en beven, dus degenen die gevangen zijn door demonen of de machten van de duisternis zullen worden bevrijd (Marcus 16:17-18). Er zullen manifestaties van genezende werken zijn die gaan boven tijd en ruimte. Buitengewone werken kunnen ook gebeuren door de dingen die we bezitten zoals zakdoeken zoals dat het geval was bij Paulus (Handelingen 19:11-12).

Ook, net zoals Jezus de storm en de golven tot rust bracht, zullen wij in staat zijn om weersomstandigheden te veranderen (Matteüs 8:26-27). Regen zal stoppen, en we kunnen zelfs de richting van een tyfoon of een orkaan veranderen of het laten verdwijnen. We kunnen zelfs regenbogen zien op een hele heldere dag.

Anders dan dit, wanneer wij zonen van God worden genoemd, kunnen wij het Nieuwe Jeruzalem binnengaan waarin de troon van God gelegen is. Daar kunnen wij genieten van de eer en glorie als Zijn ware kinderen. Wanneer wij geloof hebben om gered te worden, zullen wij het Paradijs binnengaan, maar wanneer we echte kinderen van God worden die zonen Gods worden genoemd, kunnen wij het Nieuwe Jeruzalem, de mooiste verblijfplaats van het hemelse koninkrijk binnengaan.

Hoe groot is de eer en de glorie van een prins die de troon zal ontvangen? En wanneer wij gelijken op God die de Heerser over alle dingen is en zonen van God worden genoemd, zal onze eer en waardigheid heel groot zijn! Wij zullen worden begeleid door de hemelse menigten en engelen, en we zullen geprezen worden door talloze mensen in het hemelse koninkrijk voor eeuwig.

Bovendien, zullen we genieten van allerlei mooie dingen en grote en prachtige huizen in het Nieuwe Jeruzalem. We zullen voor eeuwig leven in een onbeschrijfelijke grote gelukzaligheid.

Daarom, zouden wij ons eigen kruis moeten opnemen en vredestichters worden met het hart van de Here, die Zichzelf heeft geofferd tot het punt van kruisiging, zodat wij Gods grote liefde en zegeningen kunnen ontvangen.

Hoofdstuk 8
De achtste zegen

Zalig de vervolgden
om der gerechtigheid wil,
want hunner is het koninkrijk der hemelen

Matteüs 5:10

"Zalig de vervolgden om der gerechtigheid wil, want hunner is het koninkrijk der hemelen."

"Geloof in Jezus Christus en ontvang redding."

"U kunt zegeningen ontvangen in alle dingen door te geloven in de almachtige God."

Predikers zeggen vaak dat wanneer we in Jezus Christus geloven, we redding en zegeningen in alle dingen kunnen ontvangen, en we voorspoedig kunnen zijn in ons leven door antwoorden te ontvangen op alle soorten van levensproblemen.

In onze gemeente alleen geven we elke week glorie aan God met vele getuigenissen.

De Bijbel vertelt ons echter dat er moeilijkheden en vervolgingen zullen zijn wanneer wij geloven in Jezus Christus. We zullen zegeningen van eeuwig leven en zegeningen op deze aarde ontvangen tot de mate dat we opgeven en offeren om de naam van de Here, maar dan zullen we ook vervolgingen ontvangen (Filippenzen 1:29).

> *Voorwaar, Ik zeg u, er is niemand, die huis of broeders of zusters of moeder of vader of kinderen of akkers heeft prijsgegeven om Mij en om het evangelie, of hij ontvangt honderdvoudig terug: nu, in deze tijd, huizen en broeders en zusters en moeders en kinderen en akkers, met vervolgingen, en in de toekomende eeuw het eeuwige leven* (Marcus 10:29-30).

Vervolgt worden omwille van de gerechtigheid

Wat betekent het om vervolgt te worden om der gerechtigheid wil? Het is de vervolging die we tegenkomen wanneer we leven door het Woord van God terwijl we de waarheid, goedheid en het licht volgen.

We komen natuurlijk geen vervolging tegen wanneer we compromissen sluiten en een niet gepast christelijk leven leiden. Maar 2 Timoteüs 3:12 zegt, *"Trouwens, allen die in Christus godvruchtig willen leven, zullen vervolgd worden."* Wanneer wij het Woord van God volgen, kunnen wij moeilijkheden tegenkomen en vervolgingen ontvangen zonder enige reden.

Bijvoorbeeld, toen wij niet in de Here geloofden, konden wij drinken en aanstootgevende taal gebruiken en ruw gedrag laten zien. Maar na het ontvangen van de genade van God, proberen wij te stoppen met drinken en een goddelijk leven te leven. Dus zullen wij natuurlijk geneigd zijn om afstand te nemen van ongelovige collega's en partners. Zelfs wanneer wij ons met hen verenigen, kunnen zij niet van dezelfde dingen genieten met ons zoals daarvoor, dus worden ze teleurgesteld of zeggen iets over ons nieuwe gedrag.

In mijn geval ook, voordat ik de Here aannam, had ik vele vrienden die met mij dronken. Ook wanneer mijn familie bijeen was, konden wij veel drinken. Nadat ik de Here aannam, begreep ik, in een opwekkingssamenkomst, de wil van God die ons zegt om niet dronken te worden, en ik ben toen onmiddellijk gestopt met drinken.

Ik gaf geen alcoholisch drinken meer aan mijn broers, andere familieleden of vrienden. Dus ze klaagden tegen mij, dat ik hen niet behandelde zoals ik ze behoorde te behandelen.

Bovendien, nadat ik de Here aannam, en de Dag des Heren heiligde, konden wij soms niet deel nemen aan de uitjes die gehouden werden door ons werk of andere sociale bijeenkomsten. In een familie die nog niet geëvangeliseerd is, kunnen wij vele vervolgingen ondergaan, omdat we ons niet meer buigen voor de afgoden.

De boze haat het licht

Waarom zouden wij dan lijden, wanneer wij in de Here geloven? Het is net zoals olie en water die niet gemengd kunnen worden. God is licht, en degenen die in de Here geloven en leven in het woord behoren geestelijk tot het licht (1 Johannes 1:5). Maar de meester van deze wereld is de vijand, duivel en Satan, de heerser van de duisternis (Efeziërs 6:12).

Daarom, net zoals de duisternis verdwijnt waar er licht is, wanneer het aantal gelovigen, die als het licht zijn toenemen, zullen de heersende krachten van de vijand, duivel en Satan afnemen. De vijand, duivel en Satan beheersen de wereldse mensen die tot hem behoren. Ze sporen hen aan om gelovigen te vervolgen, zodat ze geen gelovigen meer zullen zijn.

Want een ieder, die kwaad bedrijft, haat het licht,

en gaat niet tot het licht, opdat zijn werken niet aan de dag komen. Maar wie de waarheid doet, gaat tot het licht, opdat van zijn werken blijke, dat zij in God verricht zijn (Johannes 3:20-21).

Degenen die goede harten hebben kunnen worden aangeraakt en het evangelie aannemen wanneer zij anderen zien leven door het woord van God in gerechtigheid. Maar degenen die slecht zijn zullen denken dat zoiets dwaas is. Ze haten het en vervolgen de gelovigen daarom.

Sommigen proberen de gelovigen te overtuigen met hun logica. Ze zeggen, "Moet u nu zo'n extremist zijn? Er zijn mensen die zijn opgegroeid in Christelijke families. Sommigen van hen zijn oudsten van een kerk, maar ze drinken nog steeds." Maar Gods kinderen zouden nooit in ongerechtigheid moeten handelen, welke God haat, alleen maar omdat hun collega's, families, of vrienden hun gevoelens een klein beetje hebben gekwetst.

God gaf Zijn ene en enige Zoon voor ons, die zondaars waren. Jezus nam alle soorten bespotting en vervolgingen, en uiteindelijk stierf Hij aan het kruis, terwijl Hij onze zonden op zich nam. Wanneer we over die liefde nadenken, kunnen wij geen compromis sluiten met deze wereld, ook niet onder enige soort van vervolging, of enkel voor tijdelijke comfort.

Gevallen van vervolging om der gerechtigheid wil

In 605 VC, door de inval van Nebukadnessar van Babylon, werden Sadrak, Mesak en Abednego, samen met Daniël, gevangen genomen. Zelfs in een vreemde cultuur die begeerlijk was en vol van afgoderij, behielden zij hun ontzag en geloof in God.

Op een dag, werden zij in een moeilijke situatie gebracht. De koning maakte een gouden beeld en liet elk persoon in het land er voor buigen. Wanneer iemand het bevel van de koning ongehoorzaam was, zou hij in een vurige oven worden geworpen.

Sadrak, Mesak, en Abednego, konden gemakkelijk elk probleem hebben ontweken, door alleen maar een keer te buigen, maar ze hebben nooit gebogen.

Dat komt omdat Exodus 20:4-5 zegt, *"Gij zult geen gesneden beeld maken noch enige gestalte van wat boven in de hemel, noch van wat beneden op aarde, noch van wat in de wateren onder de aarde is. Gij zult voor die niet buigen, noch hen dienen; want Ik de Here, uw God, ben een naijverig God, die de ongerechtigheid der vaderen bezoekt aan de kinderen, aan het derde en aan het vierde geslacht van hen die Mij haten."*

Uiteindelijk werden Daniël's drie vrienden in een vurige oven geworpen. Wat een bewogen belijdenis was dat op dat moment!

Indien onze God, die wij vereren, in staat is ons te bevrijden, dan zal Hij ons uit de brandende vuuroven, en uit uw macht, o koning bevrijden; maar zelfs indien niet het zij u bekend, o koning, dat wij uw goden niet vereren en het gouden beeld dat gij hebt opgericht, niet aanbidden (Daniël 3:17-18).

Zelfs in een levensbedreigende situatie, maakten zij geen compromis om hun geloof te behouden. God zag hun geloof en redde hen van de vurige oven.

Vervolgd worden door iemands tekortkomingen

We moeten een ding herinneren, dat er ook vele gevallen zijn, waarbij ze vervolgt worden door hun eigen tekortkomingen, dan dat zij vervolgd worden om der gerechtigheid wil, zoals de drie vrienden van Daniël.

Bijvoorbeeld, er zijn sommige gelovigen die niet al hun plichten vervullen, terwijl ze zeggen dat ze Gods werken doen.

Wanneer studenten niet studeren, en wanneer huisvrouwen het huishouden niet doen om zich te concentreren op de gemeente activiteiten, zullen zij door hun familieleden worden vervolgd. De oorzaak van de vervolging is dat zij hun studies of huishoudelijk werk negeren. Maar zij begrijpen het verkeerd dat zij vervolgd worden omdat ze het werk van de Here doen.

Een gelovige kan niet hard werkend zijn op zijn werk en hij probeert zijn eigen werk door te geven aan andere mensen, terwijl hij excuses geeft dat hij gemeente werk heeft. Dan, zal hij op zijn werk worden gewaarschuwd of bestraft worden. Dit is geen vervolging om der gerechtigheid wil.

Dus 1 Petrus 2:19-20 zegt, *"Want dit is genade, indien iemand, omdat hij met God rekening houdt, lijden verdraagt, dat hij ten onrechte lijdt. Want mag dat roem heten, als gij slagen moet verduren, omdat gij kwaad doet? Maar als gij goed doet en dan lijden moet verduren, dat is genade bij God."*

Gezegend zijn degenen die vervolgd worden om der gerechtigheid wil

Matteüs 5:10 zegt, *"Zalig de vervolgden om der gerechtigheid wil, want hunner is het koninkrijk der hemelen."* Waarom zegt de Bijbel dat we gezegend zijn? De vervolgingen die iemand ontvangt vanwege de zonde of wetteloosheid kunnen geen zegeningen of beloningen worden. Maar de vervolgingen om der gerechtigheid wil is een zegen omdat degenen die zulke vervolging ontvangt het hemelse koninkrijk kan bezitten.

Zoals de grond harder wordt na regen, zal ons hart, nadat het door vervolgingen gaat, standvastiger en volmaakter worden. We kunnen de leugens vinden waarvan we ons daarvoor niet bewust waren en ze verwerpen. We kunnen onze zachtmoedigheid en vrede ontwikkelen, en op het hart van de Here gelijken, om zelfs onze vijanden lief te hebben.

Wanneer wij daarvoor geslagen werden op een wang, zouden wij boos worden en terug geslagen hebben. Maar door de vervolgingen, leren wij over dienen en liefde zodat wij nu onze andere wang kunnen toekeren.

Ook degenen die droevig werden en klaagden wanneer zij door moeilijkheden gingen, kunnen nu standvastig in het geloof staan door de vervolgingen. Ze hebben nu hoop voor het hemelse koninkrijk en ze zijn vreugdevol in elke situatie.

Laat mij een waar gebeurt voorbeeld vertellen. Een van onze gemeenteleden had problemen met zijn collega's op zijn kantoor, over elk ding. Die persoon zou de gelovige lasteren zonder reden. Zijn daden hadden gebrek aan algemene gevoeligheid, en deze gelovige moest hier veel door lijden.

Andere mensen zeiden normaal dat hij een aangenaam persoon was, maar door deze situatie kwam de gelovige er achter dat hij ook haat in zijn hart had. Hij nam het besluit om zijn collega te omarmen in zijn hart voor God die ons zegt om zelfs van onze vijanden te houden. Hij herinnerde zich wat deze collega leuk vond en gaf bij gelegenheid iets aan hem.

Ook, terwijl hij bad voor deze persoon, kreeg hij echte liefde voor hem, en hun relatie werd hechter en vriendelijker dan die met enig andere kantoormedewerker.

Zo zegt Psalm 119:71, *"Het is mij goed, dat ik verdrukt ben geweest, opdat ik uw inzettingen zou leren."* Door dit lijden moeten wij onszelf meer vernederen. We verwerpen onze zonden en boosheid, terwijl we op de Here vertrouwen en geheiligd worden. Op zijn tijd zal de vervolging natuurlijk verdwijnen.

Wanneer wij om gerechtigheid wil worden vervolgd, zal ons

geloof groeien. Dan zullen wij gerespecteerd worden door anderen om ons heen en ook geestelijke en materiële zegeningen ontvangen die God ons geeft. Bovendien, tot de mate dat wij de gerechtigheid in ons bereiken, kunnen wij in een betere plaats gaan in het hemelse koninkrijk. Dus welke grote zege is dit!

Hemelse verblijfplaatsen en glories zijn verschillend

Wat is dan het verschil tussen de hemel die degenen zullen ontvangen die arm van hart zijn en de hemel die degenen zullen bezitten die vervolgd werden om der gerechtigheid wil? In feite is er een groot verschil.

De eerste is de hemel met een algemene betekenis waar iedereen kan gaan die gered is. Maar de laatste betekent dat we in een betere verblijfplaats in de hemel zullen gaan, tot de mate dat wij vervolgt worden voor ons rechtvaardige handelen.

Tot de mate dat wij de heiliging bereiken en echte kinderen worden zoals God dat wil, en overeenkomstig hoe goed wij onze plichten vervullen, zullen de verblijfplaatsen en de beloningen in de hemel anders zijn.

Johannes 14:2 zegt, *"In het huis Mijns Vaders zijn vele woningen – anders zou Ik het u gezegd hebben – want Ik ga heen om u plaats te bereiden."*

Ook zegt 1 Korintiërs 15:41, *"De glans der zon is anders dan die der maan en der sterren, want de ene ster verschilt van de andere in glans."* We kunnen zien dat de verblijfplaatsen en de glorie die we in de hemel zullen hebben anders is overeenkomstig de mate van gerechtigheid die wij bereiken.

De armen van hart zijn degenen die de Here hebben aangenomen en het recht hebben verkregen om het hemelse koninkrijk binnen te gaan. Vanaf dat moment, kunnen zij zachtmoedig worden en reine harten hebben door te treuren en zich van hun zonden te bekeren om ze te verwerpen. Ze moeten blijven groeien in hun geloof door voortdurend de gerechtigheid te volgen.

Namelijk, alleen degenen die hun eigen slechtheid beseffen, het verwerpen en geheiligd worden door de vervolgingen en moeilijkheden kunnen in betere plaatsen in de hemel gaan en ook God de Vader zien.

Vervolgingen voor de Here

Tot de mate dat wij gerechtigheid bereiken, zullen de vervolgingen verdwijnen. Als ons geloof groeit en we meer en meer perfect worden, zullen wij door de mensen om ons heen worden gerespecteerd. Bovendien, kunnen wij ook geestelijke en materiële zegeningen ontvangen van God.

We kunnen dit zien in het geval van de drie vrienden van Daniël. Ze werden vervolgd omdat zij hun gerechtigheid voor God vasthielden. Ze werden in de vurige oven geworpen die zeven keer heter was dan daarvoor, maar God beschermde hen. Niet een haar van hun hoofd werd verbrand.

Ziende dit werk van God, gaf de koning de glorie aan God, de Almachtige. Hij bevorderde ook deze drie.

Maar het betekent niet dat alle vervolgingen weg zullen gaan omdat we de gerechtigheid volledig hebben bereikt door het woord van God uit te oefenen. Er zijn ook vervolgingen waar de werkers van de Here doorheen moeten gaan, voor het koninkrijk van God.

Zalig zijt gij wanneer men u smaadt en vervolgt en liegend allerlei kwaad van u spreekt om Mijnentwil. Verblijdt u en verheugt u, want uw loon is groot in de hemelen; want alzo hebben zij de profeten voor u vervolgt (Matteüs 5:11-12).

Vele vaders van het geloof namen gewillig het lijden om de wil van God te vervullen. Ten eerste, bestond Jezus in de vorm van God. Hij was onberispelijk en vlekkeloos, maar Hij nam de straf van zondaars op Zich. Om de voorziening van redding te vervullen, werd Hij gegeseld en gekruisigd te midden van allerlei soorten van bespottingen en verachting.

De apostel Paulus

Laat ons eens het geval van Paulus bekijken. Paulus legde het fundament van de wereldzending door het evangelie te prediken aan de heidenen. Door zijn drie zendingsreizen richtte hij vele gemeentes op. We kunnen in zijn belijdenis zien hoe moeilijk het was.

Dienaren van Christus zijn zij? – ik spreek tegen mijn verstand in – ik nog meer: in moeiten veel vaker, in gevangenschap veel vaker, in slagen maar al te zeer, in doodsgevaren menigmaal. Van de Joden heb ik vijfmaal de veertig-min-een slagen ontvangen, driemaal ben ik met de roede gegeseld, eens ben ik gestenigd, driemaal heb ik schipbreuk geleden, een etmaal heb ik doorgebracht in volle zee; telkens op reis, in gevaar door rivieren, in gevaar door rovers, in gevaar door volksgenoten, in gevaar door heidenen, in gevaar in de stad, in gevaar in de woestijn, in gevaar onder valse broeders, in moeite en inspanning, tal van nachten zonder slaap, in honger en dorst, tal van dagen zonder eten, in koude en naaktheid (2 Korintiërs 11:23-27).

Er waren zelfs mensen die zweerden niet te eten voordat zij Paulus hadden gedood. We kunnen ons voorstellen hoe groot het lijden was waar hij doorheen ging (Handelingen 23:12). Maar ongeacht wat de situatie van de vervolgingen was, de Apostel Paulus was altijd vreugdevol en dankbaar omdat hij hoop had voor het hemelse koninkrijk.

Hij was getrouw tot de dood toe aan het koninkrijk en de gerechtigheid van God, en spaarde zijn eigen leven niet (2 Timoteüs 4:7-8).

Het is niet dat mensen van God lijden, omdat ze geen kracht

hebben. Toen Jezus aan het kruis was, als Hij het alleen maar had gewild, kon Hij 12 legioenen van engelen geroepen hebben en daar alle bozen vernietigd hebben (Matteüs 26:53).

Zowel Mozes als de Apostel Paulus hadden zo'n kracht dat mensen hen zelfs als goden beschouwden (Exodus 7:1; Handelingen 14:8-11). Toen mensen de zakdoeken of zweetdoeken namen waarmee Paulus de zieken had aangeraakt, verlieten de ziekten hen en de demonen werden uit hen verdreven (Handelingen 19:12).

Maar omdat ze wisten dat Gods voorziening door hun lijden meer vervuld zou worden, probeerden zij dit niet te ontwijken of weg te gaan van het lijden, maar namen het met vreugde. Ze predikten de wil van God met vurige passie en deden wat God hen had bevolen om te doen.

Grote beloning wanneer wij ons verheugen en verblijden

De reden waarom wij ons kunnen verheugen en verblijden wanneer wij worden vervolgd om de naam van de Here, is omdat de beloning in het hemelse koninkrijk groot zal zijn (Matteüs 5:11-12).

Onder de loyale ministers in vroegere tijden, waren er sommigen die gewillig waren om hun eigen leven te offeren voor de koning. De koning zou meer glorie en eer krijgen door hun loyaliteit. Wanneer de minister stierf, zou de koning beloningen geven aan zijn kinderen.

Zoals in Johannes 15:13 staat, *"Niemand heeft grotere liefde, dan dat hij zijn leven inzet voor zijn vrienden,"* hebben zij hun liefde aan hun koning bewezen door hun leven op te offeren.

Wanneer wij worden vervolgd en zelfs ons leven opgeven voor de Here, hoe kan God, de meester van alle dingen, de zaak zomaar laten voor wat het is? Hij zal over ons uitstorten Zijn onvoorstelbare hemelse zegeningen.

Hij zal ons betere verblijfplaatsen geven in het hemelse koninkrijk. Degenen die martelaren voor de Here zijn, zullen erkend worden vanwege hun hart dat de Here lief heeft. Ze zullen tenminste in het derde koninkrijk van de hemel of zelfs het Nieuwe Jeruzalem gaan.

Zelfs wanneer wij niet helemaal geheiligd zijn, wanneer wij ons leven offeren om een martelaar te worden, betekent dat, dat we volledig geheiligd kunnen zijn, wanneer er meer tijd gegeven zou zijn.

De apostel Paulus leed zoveel en gaf zelfs zijn leven voor de Here. Hij kon duidelijk met God communiceren en vele geestelijke dingen van de hemel ervaren. Vanaf het moment dat hij het Paradijs had gezien, beleed hij, *"Want ik ben er zeker van, dat het lijden van de tegenwoordige tijd, niet opweegt tegen de heerlijkheid, die over ons geopenbaard zal worden"* (Romeinen 8:18).

Hij beleed ook in 2 Timoteüs 4:7-8, *"Ik heb de goede strijd gestreden, ik heb mijn loop ten einde gebracht, ik heb het geloof behouden; voorts ligt voor mij gereed de krans der gerechtigheid, welke ten dien dage de Here, de rechtvaardige rechter, mij zal geven, doch niet alleen mij, maar ook allen, die Zijn verschijning liefhebben."*

God vergeet de getrouwheid en de pogingen niet van degenen die vervolgt zijn en zelfs martelaren voor de Here worden. Hij betaalt het lijden terug met overstromende eer en beloningen. Zoals de apostel Paulus beleed, zullen er ontzagwekkende beloningen en glorie wachten daar.

Zelfs wanneer wij ons fysieke leven niet daadwerkelijk verliezen, alle dingen die wij doen voor de Here met een hart van martelaars en alle vervolgingen waar wij doorheen gaan voor de Here, zullen terugbetaald worden als beloningen en zegeningen.

Ook aan degenen die zich verheugen en verblijden ondanks dat zij worden vervolgd voor de Here, God antwoord hun hartsverlangens en vervuld hun noden om het bewijs te laten zien dat God met hen is. Tot de mate dat zij moeilijkheden overwinnen, zal hun geloof groter worden, en dan zullen zij grotere kracht en autoriteit ontvangen om duidelijker met God te communiceren en in staat te zijn om de grotere werken van Gods kracht te manifesteren.

Maar in feite, aan degenen die hun leven voor de Here offeren, maakt het niet uit of zij iets terug krijgen hier op deze aarde. Ze kunnen zich zelfs nog meer verblijden omdat niets vergeleken kan worden met de hemelse zegeningen en beloningen die zij later zullen ontvangen.

Zegeningen voor degenen die deelnemen aan het lijden van de Here

We zouden ons nog een ding moeten herinneren. Wanneer een man van God lijdt voor de Here, zullen degenen die bij hem zijn ook zegeningen ontvangen.

Toen David achterna werd gezeten vanwege de zonden van zijn zoon Absalom, degenen die waarachtig waren wisten dat David een man van God was. Zelfs toen hun leven werd bedreigd, bleven zij nog steeds bij hem. Uiteindelijk toen David opnieuw Gods genade ontving, konden zij samen met hem genade ontvangen.

Dit is de wil van de rechtvaardige God dat wanneer een man van God lijdt om de naam van Here, degenen die bij hem zijn met waarachtige harten zullen ook deel nemen aan zijn glorie later. Jezus vertelde Zijn discipelen over de hemelse beloningen die zij zouden ontvangen om hen meer hoop te geven.

> *Gij zijt het, die steeds bij Mij gebleven zijt in mijn verzoekingen. En Ik beschik u het koninkrijk, gelijk mijn Vader het Mij beschikt heeft, opdat gij aan Mijn tafel eet en drinkt in Mijn koninkrijk. En gij zult zitten op tronen om de twaalf stammen Israëls te richten* (Lucas 22:28-30).

Onze gemeente en ik zijn door vele vervolgingen gegaan om Gods koninkrijk te volbrengen. Omdat we de wil van God kenden, predikten we over de diepe geestelijke dingen, wetende dat het ook vervolgingen voor ons zou voortbrengen.

Gaande door vele moeilijkheden die een mens niet echt kan dragen, lieten wij alles in Gods handen, met bidden en vasten. Toen gaf God ons grotere kracht als bewijs dat Hij met ons is. Hij liet ons zovele wonderen en tekenen zien. Niet alleen werden talloze ziekten genezen, maar ook de ziekten zoals kinderverlamming, blindheid, doofheid, of delen van het lichaam die vanaf geboorte zwak waren, werden genezen.

Bovendien, konden wij honderden duizenden en zelfs miljoenen mensen leiden tot de zijde van Here, door de campagnes in vele landen. Een van die campagnes trok de aandacht van de hele wereld, toen het werd gerapporteerd door CNN (Cable News Network).

In 2005, werd GCN (Global Christian Network) TV opgericht en het begon 24 uur per dag uit te zenden in New York City en New Jersey. In 1 jaar tijd sinds de oprichting, zegende God het op zo'n manier dat iedereen het overal ter wereld kon bekijken via satelliet.

Vooral tijdens de New York campagne in juli 2006, welke gehouden werd op de Madison Square Garden in New York City, werd de campagne in meer dan 200 landen uitgezonden over de wereld door verschillende christelijk zenders zoals GCN, Cosmovision, GloryStar Network, en Daystar TV.

Achter dit soort van glorie, waren gebeden met tranen van de gemeenteleden. De meeste gemeenteleden hielden de gemeente vast met hun gebed en vasten, toen de gemeente door moeilijke situaties ging.

Degenen die deelnemen aan het lijden van de Here hebben overvloeiende hoop voor het hemelse koninkrijk. Ze groeien op om sterk en geestelijk geloof te hebben. Al deze dingen werd aan hen teruggegeven als zegeningen. Hun families, werkplaatsen en zaken werden gezegend. Ze geven glorie aan God met hun vele getuigenissen.

Daarom, zijn degenen die ware zegen volgen in staat om zich te verheugen en blij te zijn vanuit het diepst van hun hart wanneer zij vervolgd worden voor de Here. Het is omdat zij voorwaarts kijken naar de eeuwige zegeningen die aan hen gegeven zullen worden in het hemelse koninkrijk.

Iemand die ware zegen najaagt

Een zegen in de ogen van God is heel anders dan de zegeningen waarvan de wereldse mensen denken dat het zegeningen zijn.

De meeste mensen denken dat rijk zijn een zegen is. Maar God zegt dat de armen van hart gezegend zijn. Mensen denken alleen dat gelukkig zijn een zegen is. Maar God zegt dat degenen die treuren gezegend zullen worden. God zegt dat degenen die hongeren en dorsten naar de gerechtigheid en degenen die zachtmoedig zijn, gezegend zijn.

De zaligspreking bevat de zegen en echte wegen om het koninkrijk van de hemel te bezitten met het hart dat arm is en te gelijken op het hart van God door vervolgingen.

Dus, wanneer we het woord gehoorzamen, zullen wij in staat zijn om alle vormen van zonden te verwerpen en onze harten te vullen met waarheid. We zullen in staat zijn om het zachtmoedige en heilige beeld van God te herstellen en God te behagen. Dit is de manier om een mens van geloof en een Geest vervuld mens te worden.

Dit soort van persoon is als een boom geplant bij water. Bomen geplant bij water zijn voorzien van vers water in overvloed. Zelfs in droge of hete dagen, zullen zij groene bladeren hebben en overvloedige vrucht dragen (Jeremia 17:7-8).

De gelovigen die in het woord van God leven waaruit alle zegeningen stromen, zullen geen angst hebben, zelfs niet in moeilijkheden. Ze zullen altijd de handen van Gods liefde en zegeningen voelen.

Daarom, bid ik in de naam van de Here, dat u voorwaarts zal kijken naar de glorie die geopenbaard zal worden in u en dat u de Zaligspreking in u zult ontwikkelen. Ik bid dat u in staat zult zijn om te genieten van de ware zegeningen die God, de Vader aan u geeft in de volle mate, zowel hier op aarde als in de hemel.

*"Welzalig de man
die niet wandelt
in de raad der goddelozen,
die niet staat op de weg der zondaars,
noch zit in de kring der spotters;
maar aan des Heren wet zijn welgevallen heeft,
en diens wet overpeinst bij dag en bij nacht.*

*Want hij is als een boom, geplant aan waterstromen,
die zijn vrucht geeft op zijn tijd,
welks loof niet verwelkt;
al wat hij onderneemt,
gelukt."*
(Psalm 1:1-3)

De auteur:
Dr. Jaerock Lee

Dr. Jaerock Lee werd geboren in Muan, Provincie Jeonnam, Republiek van Korea, in 1943. In zijn twintiger jaren, leed Dr. Lee aan verschillende ongeneeslijke ziektes gedurende zeven jaar en wachtte op zijn dood zonder enige hoop op herstel. Op een dag in de lente van 1974, echter, werd hij naar een kerk geleid door zijn zuster en toen hij neerknielde om te bidden, genas de levende God hem onmiddellijk van al zijn ziektes.

Vanaf die tijd, ontmoette Dr. Lee de levende God door deze wonderlijke ervaring, hij heeft God lief met zijn hele hart en in oprechtheid, en in 1978 werd hij geroepen om een dienstknecht van God te zijn. Hij bad vurig zodat hij duidelijk de wil van God kon begrijpen en deze volledig te vervullen en alle woorden van God te gehoorzamen. In 1982, richtte hij de Manmin Kerk op in Seoul, Zuid-Korea, en ontelbare werken van God, inclusief wonderlijke wonderen van genezing en tekenen, hebben plaats gevonden in zijn kerk.

In 1986, werd Dr. Lee aangesteld als een voorganger in de jaarlijkse vergadering van Jezus' Sungkyul Gemeente van Korea, en 4 jaar later in 1990, werden zijn boodschappen uitgezonden in Australië, Rusland, de Filippijnen en nog meer landen door het Verre Oosten Televisie Bedrijf, het Televisie Bedrijf Azië, en het Washington Christelijke Radio Systeem.

Drie jaar later in 1993, werd de Manmin Centrale kerk uitgekozen tot een van de "werelds top 50 kerken" door het *Christian World* magazine (US) en hij ontving een Ere doctoraat van Godgeleerdheid van het Christian Faith College, Florida, USA, en in 1996 een Dr. in de Bediening van Kingsway Theologische Seminarium, Iowa, USA.

Sinds 1993, heeft Dr. Lee de leiding genomen in de wereld zending door vele overzeese campagnes in Tanzania, Argentinië, L.A., Oeganda, Japan, Pakistan, Kenia, de Filippijnen, Honduras, India, Rusland, Duitsland, Peru, Democratisch Republiek van Kongo, en Israël en Estonia.

In 2002 werd hij een "wereldwijde opwekkingsprediker" genoemd door een groot Christelijk Nieuwsblad in Korea, vanwege zijn krachtige bedieningen tijdens buitenslands campagnes. Vooral, zijn "New York campagne in 2006" welke gehouden werd in de Madison Square Garden, de beroemdste arena ter wereld, werd uitgezonden in meer dan 220 naties, en zijn 'Israel Verenigde Campagne in 2009' welke gehouden werd in het International Convention Center in Jeruzalem, waar hij vrijmoedig Jezus Christus verkondigde als de Messias en Redder. Zijn boodschap werd uitgezonden in 176 landen via satelliet inclusief GCN TV en hij stond op de Top 10 lijst als zijnde een van de meest invloedrijke Christelijke leiders van 2009 en 2010, door een bekend Russisch Christelijke magazine *In Victory* en nieuwe bureau *Christian Telegraph* voor zijn krachtige TV uitzendingen en buitenlandse kerk-en pastorbediening.

Vanaf januari 2018, is de Manmin Central Church een gemeente met meer dan 130,000 leden en 11,000 binnenlandse en buitenlandse aftakkingen van de kerk over de hele wereld, inclusief 56 binnenlandse dochtergemeenten, en heeft meer dan 98 zendelingen uitgezonden naar 26 landen, inclusief de Verenigde Staten, Rusland, Duitsland, Canada, Japan, China, Frankrijk, India, Kenia, en veel meer.

Tot de datum van deze publicatie, heeft Dr. Lee 110 boeken geschreven, inclusief bestsellers als *Het Eeuwige Leven Smaken voor de Dood, Mijn Leven, Mijn Geloof I & II, De Boodschap van Het Kruis, De Mate van Geloof, De Hemel I & II, De Hel*, en *De Kracht van God*, en zijn werken zijn vertaald in meer dan 76 talen.

Zijn christelijke columns verschijnen in *The Hankook Ilbo, The JoongAng Daily, The Dong-A Ilbo, The Chosun Ilbo, The Seoul Shinmun, The Kyunghyang Shinmun, The Korea Economic Daily, The Shisa News,* en *The Christian Press.*

Dr. Lee is tegenwoordig oprichter en president van een aantal zendingsorganisaties en verenigingen: evenals voorzitter, De Verenigde Heiligheid Kerk of Jezus Christus; Blijvend President, Van de Wereld Christelijke Opwekkingsvereniging; Oprichter en bestuursvoorzitter, Wereld Christelijke Netwerk (GCN); Oprichter en Bestuursvoorzitter, De Wereld Christen Doktors Netwerk (WCDN); en Oprichter en Bestuursvoorzitter, Manmin Internationale Seminarium (MIS).

Andere krachtige boeken van dezelfde auteur

De Hemel I & II

Een gedetailleerde weergave van de prachtige leefomgeving waar de hemelburgers van zullen genieten en een mooie beschrijving van de verschillende niveaus van hemelse koninkrijken.

De Boodschap van Het Kruis

Een krachtige boodschap voor alle mensen om degene wakker te maken die geestelijk slapen! In dit boek kan je de reden vinden waarom Jezus de enige Redder is en de ware liefde van God.

De Hel

Een ernstige boodschap voor de gehele mensheid van God, die wenst dat niet een ziel valt in de diepten van de hel! U zult ontdekken de nooit-eerder-geopenbaarde weergave van de wrede realiteit van het Onder Graf en de Hel.

Geest, Ziel en Lichaam I & II

Een gids welke ons geestelijk begrip geeft van geest, ziel en lichaam en ons helpt om te ontdekken wat voor soort "zelf" wij hebben gemaakt, zodat wij de kracht kunnen verkrijgen om de duisternis te vernietigen en een geestelijk persoon kunnen worden.

De Mate van Geloof

Wat voor soort verblijfplaats, kroon en beloningen zijn er voor u voorbereid in de hemel? Dit boek is voorzien van wijsheid en leiding om uw geloof te meten en te ontwikkelen tot het beste en meest volwassen geloof.

Maak Israël Wakker

Waarom heeft God Zijn ogen over Israel bewaard vanaf de grondlegging der wereld tot op vandaag? Welke voorziening heeft Hij voorbereid voor Israel in deze laatste dagen, die op de Messias wacht?

Mijn Leven, Mijn Geloof I & II

Een zeer welriekende geestelijke geur onttrokken uit het leven dat bloeide met een onmetelijke liefde voor God, te midden van de donkere golven, koud juk en de diepste wanhoop.

De Kracht van God

Een boek wat gelezen moet worden, welke dient tot een noodzakelijke handleiding waardoor iemand echt geloof kan bezitten en de wonderlijke kracht van God kan ervaren.

www.urimbooks.com

www.ingramcontent.com/pod-product-compliance
Lightning Source LLC
LaVergne TN
LVHW041812060526
838201LV00046B/1239